組織アイデンティティ の機能

環境変化への対応における役割

佐藤秀典 著

有斐閣

本書は，特定非営利活動法人グローバルビジネスリサーチセンター（GBRC）の
GBRC三菱地所経営図書出版助成を得て刊行された。

はしがき

　本書は，変化する環境の中で試行錯誤し，変化に対応しようとすることが結果として組織に問題を引き起こしてしまうメカニズムについて研究したものである。

　組織が何か問題を起こすと，私たちは「犯人」を捜したくなる。倫理観の欠如したマネジメント層，やる気のない現場の従業員など，さまざまな「犯人」を見つけ出そうとする。しかし私の見た限り，本書で扱った事例に登場する組織のメンバーはみなそれぞれに与えられた状況の中で一生懸命であった。それでも問題は起きるのである。

　その意味では，本書で紹介するのはある種の「失敗」のストーリーに見えるかもしれない。確かに，本書には「イノベーションを起こす組織のつくり方」や「グローバル競争に勝ち抜くための戦略」は出てこない。そういったポジティブな話ではなく，出てくるのは「落とし穴にはまる組織」のストーリーである。

　さらに本書では，組織がはまる「落とし穴」の存在を指摘しているが，「落とし穴の避け方」や「落ちた場合の抜け出し方」については可能性を示唆するにとどまり，はっきりとした方法は示していない。そのため具体的な避け方，抜け出し方については，読者に考えていただくということになる。

　だが落とし穴にはまるとしても，事前に落とし穴の存在を知らないよりは知っていたほうがよいのではないだろうか。また，落とし穴の存在を知らなければ，今落とし穴に落ちているということにすら気づけないかもしれないのである。

　本書は理論的な議論も多く，主に経営学の研究者，経営学を学ぶ学生に読んでいただくことを想定している。もちろん，日々組織のマネジメントの問題に対処している実務家にも興味を持っていただければとてもうれしい。

i

はしがき

というように研究者と実務家を分けて書いたが，経営学の研究者も大学や
シンクタンクなどの組織に所属する組織メンバーである。そして研究者が所
属するような組織でこそ，本書で扱ったような問題が生じる可能性があると
も感じている。

本書の議論が，日々変化する環境への対応に悪戦苦闘している方々が，今
一度立ち止まって自分たちの組織について振り返るきっかけになれば幸いで
ある。

本書を執筆するにあたりお世話になった方々にこの場を借りて改めてお礼
を申し上げたいと思う。まず，研究を進めるにあたって調査にご協力いただ
いたX社，Y社の方々に御礼申し上げたい。本文中でも社名は伏せている
ため具体的なお名前を挙げることはできないが，多くの方にお忙しい中時間
を割いてご協力いただいた。現場で試行錯誤する方々の声を聞く機会がなけ
れば，研究を進めることはできなかった。

夏の暑い中，調査の一環として新入社員の方々と一緒に新人研修に参加さ
せていただくため，ある企業に通ったこともあった。調査の打ち合わせにも
何度も足を運んだため，いつの間にか受付の方に顔を覚えられ，要件を伝え
る前に会議室に通していただいたこともあった。そういったことが懐かしく
思い出される。

本書は筆者が東京大学に提出した博士論文をベースとしたものである。博
士論文の審査をしてくださった東京大学の先生方にもお礼を申し上げたい。
藤本隆宏先生，高橋伸夫先生，新宅純二郎先生，粕谷誠先生，桑嶋健一先生
には，論文の内容に関するコメントはもちろん，それ以外にもさまざまな形
でご指導，ご支援いただいた。

特に，指導教員である藤本隆宏先生には，学部のゼミからお世話になって
いる。藤本ゼミを志望したきっかけは，ゼミに所属する前の年に藤本先生の
講義を受講したことであった。この講義はその年，例外的に藤本先生が担当
されていたもので，この偶然がなければ藤本ゼミに入ることはなかったかも
しれない。私の人生に大きな影響を及ぼした「偶然」であった。

はしがき

　実は本書の内容は，指導教員である藤本先生の研究テーマや対象産業と大きく異なっている。今，私自身も学生を指導するようになり改めて考えるのは，自分はこれほど研究テーマの離れた学生を受け入れることができるだろうか，ということである。藤本先生は，無理に研究テーマを変えさせるようなことはせず，ただ多くの研究の機会を与えてくださった。今私が経営学の研究者になれたのも先生にご指導いただけたおかげである。

　先生方に恵まれたのと同様，大学院の近い世代にも多くのすばらしい方々に恵まれた。すべての方のお名前を挙げることはできないが，特に東北大学の一小路武安先生，東京大学の稲水伸行先生，大木清弘先生，大阪大学の中川功一先生，成蹊大学の福澤光啓先生といった先生方には研究の面で大きな刺激をいただいている。この方々に「面白くない研究」と思われたくないというのが，私の中での一つの基準になっている。

　教員として所属をした長崎大学，横浜国立大学の先生方にも大変お世話になった。それぞれ2年，3年という短い期間の在籍となり，先生方にはご迷惑をおかけしたが，一緒に働けたことはすばらしい経験となった。また，現在所属している筑波大学の先生方にもお礼申し上げる。すばらしい環境の中で研究ができるということは本当に恵まれていると日々感じている。

　本書の執筆にあたっては有斐閣の藤田裕子さん，得地道代さんに多くのご支援をいただいた。時間がかかってしまったことをお詫びするとともに御礼申し上げたい。また，本書はGBRC三菱地所経営図書出版助成を受けている。それがなければ本書の出版は困難であった。

　最後に，家族への感謝の言葉を書き加えることを許していただきたい。父・秀雄，母・こずえの支えなしには研究者になることはできなかった。また，妻・麻弥には私の気まぐれな日々の生活を支えてもらっている。深く感謝したい。

　　2018年10月

著　　者

目　　次

第1章　問題の所在と分析フレームワーク —————— 1

1-1　環境変化と組織の「らしさ」……………………… 2

1-2　分析フレームワーク ………………………………… 4

1-3　本書の構成 ……………………………………………… 9

第2章　分析に用いる概念 —————————————— 13

2-1　組織による正当性の獲得 …………………………… 15

2-1-1　正当性とは何か　15

2-1-2　正当性が組織に与える影響　20

2-2　組織と環境 ……………………………………………… 22

2-2-1　組織の環境への適応　22

2-2-2　制度環境への適応　26

2-3　組織アイデンティティの確立 ……………………… 32

2-3-1　組織アイデンティティとは何か　32

2-3-2　組織アイデンティティの形成　36

2-3-3　組織アイデンティティが組織に与える影響　41

2-4　組織の対外的正当性と対内的正当性 …………… 45

2-4-1　対外的正当性と対内的正当性の両立　45

2-4-2　問題設定　48

第3章　分析対象と方法 —————————————— 55

3-1　研究対象 ………………………………………………… 56

目　次

3-2　研究アプローチの概要 ……………………………………… *59*

3-3　研究アプローチの妥当性 …………………………………… *65*

第4章　コンフリクトを引き起こす制度環境への適応 ── *71*

4-1　複数の制度環境の要素と組織メンバー ………………… *74*

4-2　X社における組織メンバーの行動 ……………………… *77*

4-2-1　社会が損害保険会社に求める役割と組織メンバーの行動　*77*

4-2-2　コンフリクトを引き起こす制度環境の要素への対応の難しさ　*81*

4-2-3　「共感」と「公正」の選択的利用　*83*

4-3　感情をマネジメントするスキルの形成 ………………… *86*

4-4　選択的な行為の組み立て ………………………………… *96*

4-5　組織メンバー・レベルでの対応が可能な局面 ………… *100*

第5章　制度環境の変化への能動的な関与 ─────── *103*

5-1　制度環境の変化に対応した開発戦略 …………………… *106*

5-2　制度の概要と制度確定までの経緯 ……………………… *110*

5-3　Y社における商品開発 …………………………………… *113*

5-3-1　新規ビジネス参入のプロジェクト　*113*

5-3-2　商品設計　*116*

5-4　制度環境の形成と商品開発 ……………………………… *118*

5-5　環境適応と組織内のプロセスとの統合 ………………… *122*

第6章　制度環境の変化と組織の受動的対応 ──────── *123*

6-1　組織アイデンティティと差別化 ………………………… *126*

6-2　損害保険業における自由化の進展と商品開発 ………… *129*

目　次

6-3　企業間競争における商品開発の位置づけの変化 ………… *133*

6-4　過剰な商品開発のメカニズム ……………………… *139*

6-5　近視眼的行動の帰結 ……………………………… *141*

第7章　制度環境変化への繰り返される過剰反応 ──── *143*

7-1　組織不祥事と対外的正当性 ……………………… *146*

7-2　不払い・払い漏れ問題の発生 …………………… *148*

　　7-2-1　問題発覚前の業界の状況　*148*

　　7-2-2　問題の発覚と金融庁による指導および各社の対応　*149*

　　7-2-3　組織メンバーの業務負担の増加　*157*

7-3　対外的正当性獲得行動のジレンマ ……………… *160*

　　7-3-1　業務の負荷と問題の発生　*160*

　　7-3-2　対応の意図せざる結果　*164*

7-4　組織アイデンティティの欠如がもたらす同質的行動 …… *165*

第8章　結論と課題 ─────────────── *167*

8-1　ここまでの議論の整理 …………………………… *168*

8-2　自己と他者の適切な差異 ………………………… *170*

8-3　インプリケーションと残された課題 ……………… *172*

参考文献 ──────── *177*

索　引 ──────── *203*

「見所より見るところの風姿は，わが離見なり。しかれ
ば，わが眼の見る所は我見なり。離見の見にはあらず。
離見の見にて見る所は，すなわち見所同心の見なり。そ
の時は，わが姿を見得するなり。わが姿を見得すれば，
左右前後を見るなり。しかれども，目前左右までをば見
れども，後姿をばいまだ知らぬか。後姿を覚えねば，姿
の俗なるところをわきまへず。」（世阿弥『花鏡』）

「あなた方はいつもシステムについて話をしたがる。し
かし，私の仕事はシステムではなく，"プレー原則"を
チームに徹底することだ。システムは変わり得るが，プ
レー原則は常に変わらない。より根本的な原則だから
だ。」（片野道郎『モウリーニョの流儀』）

本書のコピー，スキャン，デジタル化等の無断複製は著作権法上での例外を除き禁じられています。本書を代行業者等の第三者に依頼してスキャンやデジタル化することは，たとえ個人や家庭内での利用でも著作権法違反です。

第 1 章

問題の所在と
分析フレームワーク

第1章　問題の所在と分析フレームワーク

1-1　環境変化と組織の「らしさ」

　　……日本社会は変革の波に直面している。外圧による変革は痛みを伴うが持続的な成長のためには自浄作用のある自己変革のサイクルを構築することだ。……このことは組織の栄枯盛衰とも重なる。環境変化に気づく眼を持たないまま，内輪の論理に固執する組織は，時代の変革の中で淘汰される。名声の高かった組織ほど，権力者の自己保身やそれに追随する幹部の思考停止の連鎖により，自浄能力を失い，結果，淘汰されていく。……どの組織でも変革に対する最大の敵は，変化を受け入れたくない内部にある。……自己変革できる仕組みづくりが不可欠だ。(『日本経済新聞』2016 年 3 月 11 日朝刊)

　自分が所属している組織を取り巻く環境は変化していない，あるいは自社は変革とは無縁で，組織変革も戦略変更も長らく行われていないと断言できる人はどれぐらいいるだろうか。

　おそらく，多くの人は「組織を取り巻く環境は大きく変化している。変化に対応できない組織はやがてライバルとの競争に敗れ，衰退していく。そのため，変化に柔軟に対応できる組織だけが生き残ることができる」といった考えを当たり前のものとして受け入れているだろう。また，「組織が変わっていくためには，変革を主導するトップマネジメントのリーダーシップや現場が感じる危機感をマネジメントに反映させる風通しのよさが重要だ」と考えているのではないだろうか。多くの場合，組織が内向きになり，組織内部の論理だけで動いてしまうことは問題とされ，それに対して世の中の動きに敏感に反応できる組織は優れているとされる。

　確かに，厳しい競争環境の中で変化への対応は重要である。そして変革を志向する組織メンバーの役割もまた重要である。しかし，変化する環境にばかり意識が向くことで失われてしまうものもある。例えば，次のような問題

2

が起きる。

　　……ユーザーとしての立場から言えば，個々の製品やサービスから「ソニーらしさ」が失われていたような気がする。製品にはそれぞれ必要な機能やコスパ（価格性能比）がある。それを満たすのは当然だが，それだけでは「らしさ」はにじみ出ない。手にした人に「これはすごい」と感動してもらうには，機能性を超えた質へのこだわり，デザインやたたずまいへのこだわりが重要だ。目先の市場シェアなどに振り回され，こうした感動体験を届けられていなかったのではないか。（『日本経済新聞』2017年7月11日朝刊）

　目先の問題に対応しようとすることで「らしさ」が失われてしまう。そして，新しい「らしさ」が生み出される間もなく，本当に成果が上がっているのか十分な検討もされないまま次々と「組織変革」が行われることで，組織が「変革疲れ」してしまうといった問題は，多くの組織で見られる現象である。これは，確固たるスタイルもなく，また，個々の選手の能力も把握しないまま，対戦相手に合わせてシステムだけを次々に変更するフットボールクラブのようなものである。これでは継続して勝ち続けられるとは思えない。

　もちろん，変化する環境への対応を否定するわけではない。ここで強調したいのは，変化に対応しようとする局面でこそ，ぶれない軸としての組織の「らしさ」がはっきりしていることが大事で，そうでないと組織が迷走してしまうということである。これこそが本書を通じて伝えたいメッセージである。

　本書では，組織のメンバーは懸命に対応しようとしたが，残念ながら結果として変化する環境に振り回されてしまったケースを通じて，明確な軸を持って変化に対応することの重要性を考えていきたい。

3

第 1 章　問題の所在と分析フレームワーク

1-2　分析フレームワーク

　本書では，正当性や制度環境，組織アイデンティティといった経営組織論における概念を用いて，環境変化と組織の「らしさ」との関係にアプローチする。用いる概念は次章で詳しく説明することにして，ここでは先に，本書全体を通じて用いる分析フレームワークを提示する[1]。

　組織が安定的に存続し続けるためには，変化する環境に適応することが求められる。組織が適応すべき環境は多くの要素から構成されており，技術の変化，顧客の変化などのさまざまな要因によって環境変化が引き起こされる。

　組織が対応すべき環境変化の一つが，制度環境の変化である。制度環境は，社会的に形成されたルールや規範で構成される。これには，法制度のような明示的なものから，業界における規範のような暗黙的なものまで含まれる。

　まずは組織の行動を出発点として考えてみよう。組織は，自分たちが認識する制度環境に適応しようとして行動する（図1-1）。そのため制度環境に適合的と判断される「組織の行動」は「強化」され，そうでない場合には「修正」される。その選択された「行動結果」に基づき，社会的に受け入れられるかどうかという「対外的正当性」の認識が強化または修正される。そして，対外的な正当性が獲得されていると認識される場合には，現状の「制度環境」に対する認識が強化され，反対に問題がある場合には修正される。

　ただし，制度環境は一義的に認識されるわけではなく，多様な解釈を許容

---

1)　これまでの研究では，制度環境と戦略の関係（Oliver, 1997；Peng, Sun, Pinkham, and Chen, 2009）や組織アイデンティティと戦略の関係（Fiol, 1991, 2001）が議論されてきた。本書のフレームワークも，組織内部に蓄積された組織能力に基づいて組織の行動が決定され，また，外部の競争環境に適合的であるように組織の行動が決定されると考えることで，戦略論的にとらえることもできる。しかし本書では，組織の行動の背後にある組織の認識という観点を重視し，組織論的な議論を展開する。

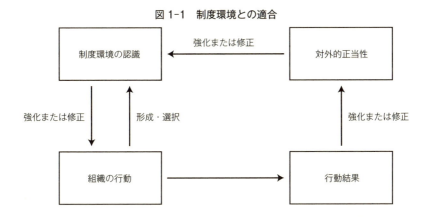

図 1-1　制度環境との適合

する側面を持つ。そのため，制度環境と組織の間の関係は，制度環境が一方的に組織の行動を規定するというだけではない。組織が自らの行動によって制度環境を新たに「形成」したり，制度環境を構成する特定の要素が強調されるように「選択」したりすることもある。また，偶発的にとられた組織の行動が，対外的正当性の認識を通じて，既存の制度環境の認識の変化や，新たな制度環境の認識の形成につながることもある。

　しかし，組織は常に制度環境の変化に対応できるわけではない。変化を認識できない場合や，認識できたとしても変化への抵抗が強い場合には，組織は変化した制度環境への適応に失敗する。

　この失敗の理由を理解するためには，組織にとって外部から与えられる正当性だけでなく，組織内部における正当性も考えなければならない（図1-2）。ここでも組織の行動を起点に考えてみよう。「組織の行動」は，メンバーによって自分たちらしいとみなされるような場合には「強化」され，そうでない場合には「修正」される。その「行動結果」から，組織内で受け入れられるかどうかという「対内的正当性」の認識が強化または修正される。対内的な正当性が獲得されている場合には，組織にとっての自分たちらしさである「組織アイデンティティ」が強化され，問題があると認識された場合には修正される。制度環境の場合と同様に，組織アイデンティティも多様な解釈を

図1-2 組織アイデンティティとの適合

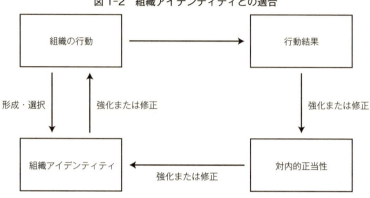

許容する側面を持つことから，組織の行動を規定するだけでなく，組織の行動の影響を受けて新たに「形成」されたり，複数ある組織アイデンティティの中から強調されるものが「選択」されたりする側面を持つ。

このように，組織にとっての正当性の獲得は，制度環境との適合の面でも，組織アイデンティティとの適合の面でも，認識の問題として生じる。制度環境の変化は，組織が社会において受け入れ可能と認識され，対外的な正当性を獲得できるかの基準を変化させる。また，組織にとっての自分たちらしさを表す組織アイデンティティは，組織の認識枠組みを規定する役割を果たすため，対内的な正当性の基準として作用する。

組織にとってはこれらの二つの正当性の両方が重要である。つまり組織の行動は，制度環境への適合と，組織アイデンティティへの適合の両方を意識しながら選択されなければならない（図1-3）。

しかし，制度環境の変化への対応を考えると，この二つの正当性の追求がコンフリクトを引き起こす可能性がある。制度環境への適合性を重視した行動をとろうとすると，それは必ずしも「自分たちらしい」行動にはならないかもしれない。結果として，対内的な正当性の危機につながる可能性がある。反対に，組織アイデンティティとの適合性を重視した場合には，制度環境に適応できず，対外的な正当性を獲得できないかもしれない。

1-2 分析フレームワーク

図1-3 制度環境への適合と組織アイデンティティへの適合

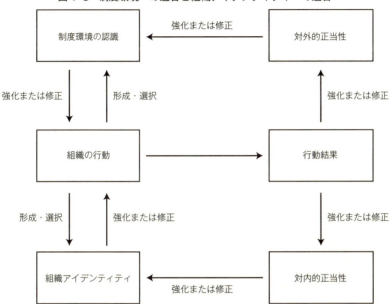

　このようにコンフリクトを引き起こす可能性があることから，組織アイデンティティは，環境変化に対する組織慣性を生み出すと考えられてきた。制度環境が変化する場面を考えると，明確な組織アイデンティティが存在することは二つの点で適応を難しくすると考えられる。一つは，そもそも制度環境の変化を認識できなくするという点である。明確な組織アイデンティティを持つことで組織の認識枠組みは硬直化し視野が狭くなる。結果，変化を認識することが難しくなる。もう一つは，制度環境の変化を認識できたとしても適応できなくするという点である。明確な組織アイデンティティが存在する場合には，それから逸脱するような行動を組織が選択することは難しくなる。制度環境の変化へ適応するためにこれまでの「自分たちらしさ」から逸脱するような行動が必要な場合，困難が生じる。

　このように，組織慣性の源泉としての組織アイデンティティを考えた場合，組織アイデンティティが明確に形成されている場合ほど，組織が制度環境の

第1章　問題の所在と分析フレームワーク

変化に対して対応することが難しくなると想定される。この場合に見られるのは，組織アイデンティティが強く意識され，対内的な正当性ばかりが重視されることで，制度環境の変化に十分対応できないという状況である。

　しかし，制度環境の変化への適応において組織が困難に直面するケースにはもう一つ，変化を認識し適応しようとするが，そのことが問題を引き起こすというケースが考えられる。これは必ずしも明確な組織アイデンティティが存在する場合ではなく，むしろ存在しない場合に生じる可能性がある。本書で取り上げるのはこのようなケースである。

　ここでの明確な組織アイデンティティが存在しないということの意味は，競合相手と比較した際の自己の独自性が明確になっていないということである。そのため，他の組織との間に適切な差異を構築することも困難になる。結果，制度環境の変化に適応しようとすることで，顧客のニーズや自らの組織能力と乖離して過剰に反応してしまうといった問題が生じる。これはつまり，組織による制度環境への近視眼的な適応であるともいえ，これが将来の新たな問題の源泉となるのである。

　このような問題が生じた状況として，本書では，損害保険業界における時間的に連続した二つの状況を対象とする。一つは規制が緩和され，自由な商品開発が可能になった場面，もう一つは不祥事を引き起こし，社会的な問題となった場面である。これらはどちらも制度環境が大きく変化した状況である。

　これに対する組織の対応として，前者では，他社以上に多様な商品を開発することが意識された。後者では，他社に後れをとらないように再発防止への取り組みをアピールすることが重視された。

　これらの二つの状況下での組織の対応は，商品開発と不祥事の防止という内容から一見対照的なものにも見えるが，組織の行動と制度環境および組織アイデンティティとの適合性の観点から考えると，明確な組織アイデンティティが存在しないために変化する制度環境に過剰に反応してしまったという，共通のロジックが浮かび上がる。

8

第一の問題が発生した段階で，損害保険会社の多くは，差別化の源泉となるような他社との違いを意識した組織アイデンティティを明確に確立していなかった。さらに，この段階でも多くの会社で明確な組織アイデンティティは確立されず，第二の問題が生じた場面でも，他社との違いを意識した明確な組織アイデンティティは存在しなかった。そして，それぞれの場面で，変化する制度環境への過剰反応が結果として生じていた。

ここでの過剰反応とは，制度環境に適応しようとして組織が選択した行動自体が問題の源泉となっていることを意味している。変化する制度環境への適応は組織にとって必要だが，本書で見る事例では，この対応が結果として問題を引き起こしてしまっていた。新商品の開発の増加は，業界レベルでの過剰な商品のバリエーションをもたらし，顧客が求めていないような商品が数多く開発された。また，不祥事の再発防止策も，過剰な手続きの増加をもたらし負担が増えたことから，新たな問題につながった。

本書では，このような，制度環境変化への対応において問題が生じるメカニズムを明らかにしていく。

1-3　本書の構成

本書における中心的な分析対象は，組織および組織の集合である。しかし，組織による認識について検討することを目的としているため，組織メンバーである個人への作用や，組織と社会の相互作用といった観点も考慮する。

本書では以下のような構成で検討を行う。次の第2章では，本書の議論で用いられる概念について説明する。具体的には，正当性，環境適応，組織アイデンティティといった概念が取り上げられる。その上で，本書が焦点を当てる問題について，どのような視点からアプローチしていくのかを明らかにする。

第3章では調査対象と研究方法について述べる。本書は，損害保険会社を対象として定性的な実証研究を行ったものである。その議論の背景を説明す

第1章　問題の所在と分析フレームワーク

表1-1　本書の実証研究の位置づけ

		制度環境の変化	
		な　し	あ　り
明確な組織アイデンティティ	な　し	第4章	不明確な制度環境：第6章 明確な制度環境：第7章
	あ　り		第5章

　るため，業界の状況や調査対象となった組織メンバーのデータを提示する。
さらに，本書の目的に対して定性的なアプローチが妥当なものであることを
主張するため，既存研究におけるアプローチの検討と定性的アプローチの特
性に関する若干の考察を行う。

　第4章から第7章では損害保険会社を対象とした実証研究の結果を提示す
る。制度環境の変化と組織アイデンティティの点から，各章の位置づけを整
理したものが，表1-1である。

　本書全体の焦点は，明確な組織アイデンティティが存在しない場合，つま
り競合相手と比較したときの独自性の認識が明確でない場合の，組織の制度
環境変化への対応である。そのため，表1-1では右上に位置する第6章・第
7章が議論の中心となる。第4章と第5章はそれぞれ，大きな制度環境の変
化が生じていないケースと，組織アイデンティティに基づいて制度環境の変
化に適応したケースであり，中心となる第6章・第7章の議論を明確化する
べく位置づけられている。

　第4章では，制度環境に大きな変化が生じていない局面を対象として，対
外的な正当性を獲得するためにどのような行動がとられるのかに焦点を当て
る。そこでは，明確な組織アイデンティティが存在しない中で，要素間にコ
ンフリクトを内包する制度環境への対応が，組織メンバーのスキルに依存し

10

て行われていた。

第5章では，明確な組織アイデンティティを持った組織が能動的に制度環境の変化に関与したケースとして，損害保険会社の新商品開発の事例を検討する。この章の事例では，競争相手として生命保険会社や信託銀行が意識されていた。そのため，損害保険会社であるという，カテゴリーとしての組織アイデンティティが明確に意識され，戦略に影響していた。制度環境が変化する際に，環境を自分たちにとって有利になるように誘導できれば，組織の適応はより容易になるが，この章のケースでは，新たな制度環境の形成にある程度関与できたことが示される。

第6章と第7章では，明確な組織アイデンティティを持たない組織が，制度環境の変化に対応しようとした一連の事象を，二つのフェーズに分けて検討する。まず第6章では，損害保険業界における過剰な商品開発競争を取り上げる。ここでは，制度環境が不明確な状況下での組織の認識と行動が，制度環境の形成に作用し，それが結果として組織自身の行動を制約する要因になるというメカニズムを指摘する。

続く第7章では，対外的な正当性を獲得しようとした組織がジレンマを抱えてしまうケースについて検討する。特に，制度環境と適合的な行動が明確な局面で，それに従った行動をとることが組織内部でどのように作用し，問題を引き起こすのかについてのメカニズムに注目する。

最後に第8章では，そこまでの議論を整理した上で，特に第6章・第7章で取り上げた一連の事例を包括的に検討し，本書全体のインプリケーションおよび残された課題について述べる。

第2章

分析に用いる概念

第2章　分析に用いる概念

　本章では，本書の分析の中心となる概念を提示し，その上で本書で明らか
にしたい問題について確認する。

　組織は社会に埋め込まれた存在であるから，多様なステークホルダーとの
関係の中で存在している。例えば企業にとっては，顧客や取引関係にある企
業，ライバル関係にある企業など，ビジネス上の関係がある主体が存在する。
加えて，政府や地方自治体，消費者団体やメディアなど，ビジネスに直接の
関係はないが，企業の活動に影響を与える主体も存在する。

　組織と他の主体との関係については，これまでの研究においても検討がな
されてきた。例えば組織間関係の議論[1]では，資源依存理論が主要なアプロ
ーチとなっている。そこでは，ある組織の行動を，当該組織が他の組織へど
れだけ資源を依存しているかという点から考える。

　しかし，組織が従うべきルールや要請は，特定のステークホルダーとの関
係だけを見ることで理解できるわけではない。法制度の変更のように特定の
主体が制度環境の変化の引き金になる場合もあるが，本書が注目するのはそ
の後に生じる，組織にとって一般化された意味での社会的な認識が組織に影
響を与えるプロセスである。したがって本書では，制度環境の変化として，
明示的なルールの変更だけでなく，社会的に形成される規範や価値観にも焦
点を当てなければならない。

　このような問題を扱う場合には，特定の主体との関係を考えるための理論
によるよりも，組織が直面する制度環境をどのように認識し，そこに意味を
形成するのかについて考える必要がある。

　本章では，まず第1節で正当性の概念について整理する。続く第2節では，

　＊　本章の組織アイデンティティに関する議論の一部は，佐藤（2013a）をもとに
　　　している。
　1)　組織間関係の議論について，山倉（1993）は，①資源依存パースペクティブ，
　　　②組織セット・パースペクティブ，③協同戦略パースペクティブ，④制度化パー
　　　スペクティブ，⑤取引コスト・パースペクティブの五つを主要なアプローチとし
　　　て取り上げ，その中でも組織間関係に関して支配的なパースペクティブとして資
　　　源依存パースペクティブをあげている。

組織と環境の関係に関するこれまでの研究を概観し，認識主体としての組織についてどのように考えることができるのかを検討する。その上で，組織が制度環境にどのように適応し，外部からの正当性を獲得することができるのかを見ていく。第3節では，組織内部における正当性の基準となる組織アイデンティティの概念について，既存研究における定義や，組織に与える影響といった点から検討する。第4節では，組織の行動における制度環境への適合性と組織アイデンティティとの適合性について検討し，最後にそこから導き出される本書の問題設定を明らかにする。

2-1 組織による正当性の獲得

2-1-1 正当性とは何か

まずは，正当性の概念についてである。正当性 (legitimacy)[2]は，組織を説明する上で古くから用いられてきた概念であり，多くの研究が蓄積されてきた (Suddaby, Bitektine, and Haack, 2017)。この概念は遡ると Weber にたどり着く (Deephouse and Suchman, 2008)。Weber は，支配の形態を合法的支配，伝統的支配，カリスマ的支配の三つの類型に分類し，それぞれが異なる正当性の基盤を持つとしている (Weber, 1978)。また Parsons は，組織は，自らが活動するより上位の社会システムの中で正当性を獲得していかなければならないとしている (Parsons, 1956, 1960)。

その後，1970 年代以降，組織論の主要な理論の中に正当性の概念が取り込まれていく。例えば，資源依存理論の代表的な研究である Pfeffer and Salancik (1978) では，Parsons の議論を引用しながら，組織にとっての正当

---

2) legitimacy の訳語として，「正統性」を使用する文献もある。しかし，既存の研究やテキストでは，「正当性」とすることがより一般的である（佐藤・山田，2004；渡辺，2007；磯辺・牧野・チャン，2010；鈴木，2013 など）。そのため，あえて異なる文字を当てることは不必要な混乱を招くと考える。よって本書では legitimacy を意味することを明記した上で「正当性」を採用する。

第2章　分析に用いる概念

性の重要性が指摘されている。彼らによれば，組織はより大きな社会システムの一部であるため，存続のためにはそのシステムからのサポートを必要とする。そのため，組織の目的や活動は，そのシステムの中で正当性を獲得できるものでなければならない。そうして組織は社会のリソースを利用し，社会は組織の活動の有用性や正当性を評価するとされる。

　また，組織生態学の代表的な研究である Hannan and Freeman (1977) では，構造慣性が生じる理由の一つとして正当性の存在があげられている。正当性を損なうような行動をとることは，組織にとって大きなコストを伴うことから，組織は正当性を維持できるように振る舞い，結果として組織の環境適応能力に限界が生じるとしている。

　この正当性の概念を，理論の中心として最も発展させてきたのが新制度派組織論[3]である。新制度派組織論の出発点の一つ[4]とされる Meyer and Rowan (1977) は，近代社会において官僚制組織のような公式組織が広まった理由について，従来の研究とは異なった見方を提示している。官僚制組織の特徴は，合理化・非人格化された構造にあるが，Weber に始まる従来の研究の支配的な見方では，近代社会において，市場の拡大に伴って組織の内部構造も複雑化する中で，さまざまな活動の調整や管理をうまく行えるということが，このような公式組織が採用された理由だとされていた。しかし，組織には公式組織以外にも，それとは大きな隔たりのある非公式組織が存在し，組織が実際に活動するとき必ずしも公式組織によって調整や管理が行われるわけではない。

---

3) 新制度派組織論に対して，Selznick (1949) などは旧制度派組織論と呼ばれる。旧制度派では，制度化の焦点が個々の組織に当てられているため，それぞれの組織が変化し，多様になる側面に注目する。これに対して新制度派では，制度化の焦点は複数の組織を含むセクターのレベルに当てられるため，組織の同質性に注目する (DiMaggio and Powell, 1991)。

4) 新制度派組織論の出発点として言及されるもう一つの研究として，Meyer and Rowan (1977) と同じ年に出版された Zucker (1977) がある。ただし，Zucker の研究では，正当性についてはあまり言及されていない。

これに対して Meyer らは，それまでの支配的な理論が，合理化された公式組織が持つ正当性という側面を見落としてきたと考えた。調整や管理を実際に効率的に行えるということよりも，制度的ルールが強い影響を及ぼし，公式組織が広まったと考えたのである。実際に合理的であるかではなく，皆が合理的であると信じていることが重要であり，共有された思い込みとして「神話」のように機能している点を重視している。

　彼らのいう制度的ルールとは，社会に組み込まれ，相互に共有されている見方のことで，当然のものと考えられているだけの場合もあれば，世論や法によってサポートされている場合もある。近代社会では，合理的な公式構造の要素（ポジション，政策，プログラム，手続きなど）は広く共有され，制度的ルールとなっている。さらにこれが神話として機能することで公式組織が広まることになったとする。

　この合理化された神話の起源として，彼らは三つのプロセスを指摘している。一つは，特定の組織の特定のコンテクストの中で生まれた習慣が，効果的だと認識されることによって，他の組織へと普及していくというプロセスである。二つ目は，法の強制による公的な正当性の付与である。三つ目は，支配的な組織による主体的なルールの形成である。

　このような神話が存在する状況では，組織は制度に同型化することにより，正当性を得ることができる。また，外部からの儀礼的な評価基準を採用し，業績によって評価されなくなることで，パフォーマンスの変動から組織が守られ，安定性を得ることができる。正当性を得ることで，組織は生存に必要なリソースを得やすくなる（図2-1）。

　このように，正当性の概念はさまざまな研究において用いられてきた。そのためか，必ずしも定義が共有されてきたわけではない。この点に関して，Suchman（1995）は，正当性に対するアプローチを二つに分類している[5]。

5） Suchman（1995）は，正当性をどのようにとらえるかというアプローチによる分類だけでなく，正当性のタイプによる分類も行い，プラグマティック，道徳的，認識的の三つに分類している。プラグマティックな正当性とは，自己の利益

第2章　分析に用いる概念

図 2-1　組織の生き残り

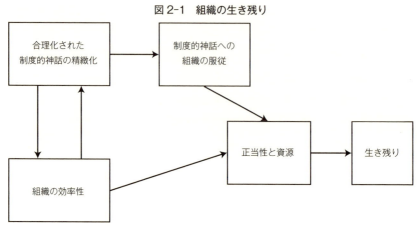

（出所）　Meyer and Rowan（1977）Fig. 2 より引用。

ここでのアプローチの違いとは，正当性をどの程度操作可能であると考えるかに関するものである[6]。

操作可能な資源と考えるアプローチが戦略的アプローチである[7]。この立場をとる Pfeffer を中心とする研究者は，正当性を獲得するプロセスはコントロール可能なものだと考えており，組織により意図的・計画的に行われるとしている。

これに対して，もう一つのアプローチである制度的アプローチ[8]は，正当

を考慮する他の主体の計算に基づき，利益をもたらす関係にあることから生じる支持である。道徳的な正当性とは，組織やその行為が道徳的な基準から評価して正しいとみなされることによって生じるものである。認識的な正当性とは，組織の存在や行動が理解できる，あるいは当たり前であるとみなされるといった認識によって生じるものである。

[6]　このほかに，Johnson, Dowd, and Ridgeway（2006）や Tost（2011）は，制度的アプローチと社会心理学的アプローチの二つに区分している。

[7]　代表的な研究としては，Dowling and Pfeffer（1975）や Pfeffer and Salancik（1978）があげられる。

[8]　代表的な研究は，Meyer and Rowan（1977），DiMaggio and Powell（1983）である。

性を操作可能な資源ではなく，構成された信念であると考える。これは新制度派組織論の研究者を中心とした考え方で，個別の組織の意図に注目するよりも，業界等のレベルにおける集合的な現象であることが強調される。

この状況に対して，前出のSuchmanが正当性の包括的な定義[9]を与え，これがその後の研究の中で最も一般的に使用される定義となった[10]。Suchmanによる正当性の定義は以下の通りである。

> 社会的に構成された規範，価値観，信念，定義のシステムにおいて，ある主体の行為が望ましい，正しい，適切である，という一般化された認識，想定。(Suchman, 1995, p. 574)

この定義によれば，正当性とは一般化されたものである。そのため，正当性が与えられるか否かは，個別の出来事や行動ではなく，包括的な評価によって決まる。また，正当性は社会的に構成された規範によって決まる。そのため，メディア等の特定の主体が大きな影響を及ぼすことは考えられるが，それだけですべて決まってしまうわけではない。

正当性は他の主体の認識や想定によって与えられる。そのため，たとえある主体の行為が社会的な規範から大きく外れたものであっても，他の主体に認識されることがなければ正当性が失われることはない。反対に，規範から外れるような行為をしていなくても正当性が失われる場合もある。不祥事を起こした組織があった場合，その組織と似ているとして同じカテゴリーに入れられてしまう組織は，その組織自体が不祥事を起こしたわけではないにもかかわらず，正当性にダメージを受けてしまうことがある（Jonsson, Greve, and Fujiwara-Greve, 2009）。また，正当性を獲得しようとする行為が，外部の主体からの疑念につながり，より正当性に危機をもたらす可能性もある

---

9) 本書でも，正当性の概念をこの定義に従って用いる。

10) Deephouse and Suchman（2008）は，1995年を正当性の研究の重要な転換点とし，その理由の一つとしてSuchman（1995）の出版をあげている。

第 2 章　分析に用いる概念

(Ashforth and Gibbs, 1990)。

　対外的な正当性と比較すると言及されることは少ないが，この正当性についての考え方は，組織内についても当てはまる。異なるのは，正当性が誰によって与えられるのかである。正当性が与えられるか否かの基準が，対外的正当性の場合には組織外の主体によって形成されるのに対し，対内的な正当性では組織のメンバーがその主体となる。

　対内的な正当性は，組織のメンバーに共有された認識に基づいて与えられ，組織内のさまざまな関係者による評価の結果，ある組織内での意思決定が正当性を持つかどうかが判断される (Ruef and Scott, 1998；Deephouse and Suchman, 2008；Drori and Honig, 2013)。どのような行為が正当であるとみなされるのかには，組織の歴史や価値観，あるべき姿に対する組織メンバーの解釈が影響し，メンバー同士の相互作用の結果，それは変化することもある (Landau, Drori, and Terjesen, 2014)。

　これに関して具体的には，組織内のイノベーション・プロセスや (Dougherty and Heller, 1994；武石・青島・軽部，2008)，多国籍企業のサブユニットが正当性を獲得することができるかといった問題が (Kostova, 1999；Kostova and Zaheer, 1999；Kostova and Roth, 2002)，議論されてきている。

2-1-2　正当性が組織に与える影響

　組織にとって正当性は，活動に必要となる資源を獲得できるか否かに影響するという点で重要となる (Zimmerman and Zeitz, 2002)。特に，「新しさによる不利 (liability of newness)」(Stinchcombe, 1965) を抱えているような新設された組織にとっては，正当性の獲得がその後の成長と生き残りにつながる (Aldrich and Fiol, 1994；Zimmerman and Zeitz, 2002)。

　正当性の影響は企業の株価にも表れる。Pollock and Rindova (2003) は，メディアによって提供された情報に基づく正当性が，IPO 時の価格や取引量によい影響を及ぼすことを指摘している。この研究では，IPO 以前に多くの情報がメディアによって提供されていることが，その組織の社会的な受

20

容に結びつくとしている。Bansal and Clelland（2004）は，株価の変動要因は組織ごとに異なるものの，正当性を獲得している組織とそうでない組織とでは，正当性を獲得している組織のほうが変動の影響を小さく抑えることができるとしている。

また，正当性の獲得が必要であるということは，組織間の関係にも影響を与える。戦略的提携を結ぶ際の仕組みやパートナー選びについても，正当性を獲得できるかどうかということは重要な基準となっている（Dacin, Oliver, and Roy, 2007）。

組織にとって正当性がいかに重要であるかは，正当性が失われた場合の影響を考えることでも理解できる。正当性を失うことは，組織に次のような問題を引き起こす（Deephouse, 1999）。

第一に，正当性が失われると，資源の獲得が難しくなる。正当性が失われた組織の戦略は，取引相手となるかもしれない組織にとって理解できないものになり，合理的な存在として受け入れられなくなる。そのため，資源を供給してもらうことが困難になる。

第二に，取引の契約が不利なものになる。正当性を持つ組織は，取引相手の正当性も高めることができる。そのため，どの組織も正当性を持つ組織と取引をすることを望む。反対に，正当性を失った企業とは取引をしたがらなくなるため，取引をしてもらうために自分たちにとって不利な条件でも受け入れなければならなくなる。

第三に，事業に失敗する可能性が高くなることが指摘できる。正当性を失った組織は有能な人材を引きつけておくことが困難になり，結果としてパフォーマンスが低下すると考えられる。

このように，正当性を失うことは，組織にとってはパフォーマンスの低下，そして生き残りの可能性を低下させることにもつながる。正当性を獲得することが組織の存続に必要であることから，組織において意思決定が行う際にも正当性を得られるか否かは選択の基準として作用する。

組織内での正当性が獲得できない場合にも，類似の問題が生じる。対内的

第 2 章　分析に用いる概念

な正当性を巡っては，組織メンバーやサブユニットの間でコンフリクトが生じることもある（Drori and Honig, 2013）。組織内での駆け引きの結果，対内的な正当性の獲得に失敗すると，組織内で必要な資源を動員できなくなったり，サポートを得られなくなったりといった問題が生じる。そうなれば，戦略の遂行にも支障をきたす可能性も高くなる。

2-2　組織と環境

2-2-1　組織の環境への適応

　組織と環境の関係については，これまでに多くの研究が蓄積されている。その代表的なものが，コンティンジェンシー理論である。

　先駆的な研究の一つに，Burns and Stalker（1961）がある。彼らは，技術や市場といった環境の変化の激しさと有効な組織のあり方の関係を明らかにした。環境が安定している場合には，公式の階層構造とルールのもとで，一人一人の職務が明確に決められ，専門化の進んでいる組織が適しているとし，このような官僚制的な組織を機械的システムと呼んだ。これに対して環境が不安定な場合には，公式の階層構造やルールよりも横のつながりが重視され，一人一人の職務が他のメンバーとの関係を考えながら柔軟に変化する組織が適しているとし，このような組織を有機的システムと呼んだ。

　また，Lawrence and Lorsch（1967）は，組織がどのように分化と統合を行っているのかが，組織のパフォーマンスに与える影響について明らかにした。組織内の各部門では，対処する環境の不確実性が異なるため，環境の要求に応じた分化の状態を作り上げる必要がある。しかし，分化の程度が高いと部門間でコンフリクトが生じやすくなる。Lawrence らの調査によれば，高業績企業は高度な分化に加えて，統合も高度に行っていた。また，不確実性が高い業界ほど分化が進んでいることも明らかにされた。高業績企業同士を比較すると，不確実性の高い産業に属する企業のほうが分化の程度が高かったのである。彼らは，不確実性という環境の要因に合わせて適切な水準で

22

分化と統合が行われている場合に，組織の業績が高いということを明らかにした。

　環境の不確実性という要因は，組織と環境の関係を考える際にしばしば取り上げられてきた。Duncan（1972）では，環境を，単純であるか複雑であるかと，静態的であるか動態的であるかの二つの軸で分類している。環境を構成する要素が少なく，互いに似通っているほど環境は単純であるとされ，反対に要素が多く，互いに異なっているほど複雑であるとされる。また，環境の変化が少ないほど静態的で，継続的に変化が続いているほど動態的であるとされる。

　不確実性に対処する方法を論じた，Thompson（1967）は，組織はテクニカル・コアを環境の影響から切り離すことでそれに対処していると主張した。Thompson によれば，テクノロジーとは狭い意味での技術にとどまらず，マニュアルなどの仕事の進め方も含む活動のシステムであり，一つ以上のテクノロジーからなるテクニカル・コアを環境の影響から切り離すことにより，組織はその範囲で不確実性を避けることができるとした。切り離す方法としては，インプットあるいはアウトプットの在庫保有などによる緩衝化や，需要の多い時期に価格を上げるなどして需要の変動を抑える平滑化があげられている。加えて，それらだけでは不十分な場合には予測による適応，それでもテクニカル・コアを保護できない場合には優先順位を設定する割り当てによって対応を行うとしている。

　Galbraith（1973, 1974, 1977）は，不確実性を情報処理の点からとらえた。彼は組織にとっての不確実性を，組織がすでに所有している情報と，活動を行うために必要な情報の量の差であるとした。通常，組織は，ルールの設定，階層構造に基づく意思決定，目標設定によって調整されている。しかし，不確実性が高くなり例外事項の発生頻度が高まると，それらの方法だけでは十分に対応ができなくなる。そのような場合には，必要な情報処理量を減らす方法と，情報処理の能力を高める方法の二つの対応が考えられる。

　情報処理の量を減らす方法としては，スラック・リソースの投入と自立的

第2章　分析に用いる概念

職務の形成があげられている。スラック・リソースの投入とは，納期や人員，在庫などに余裕を持たせることによって，対応すべき問題の制約条件を緩和する方法である。これにより，複雑な調整をなくし，情報処理の負荷を軽減することが可能となる。自立的職務の形成とは，事業部を設けるなどアウトプットをもとにした組織構造に変更し，それぞれの部門がアウトプットを生み出すのに必要な資源を保有する方法である。これにより，顧客ごとに優先順位をつける必要をなくし，共有すべきリソースも減少させて調整の必要を少なくすれば，それに応じて必要な情報処理も少なくなる。

　情報処理の能力を高める方法としては，垂直方向の情報処理システムの強化と横断的関係の形成がある。垂直方向の情報処理システムの強化とは，コンピュータの活用などによって，情報処理の能力を向上させる方法である。横断的関係の形成とは，問題を階層構造の上部に持ち上げるのではなく，同レベルの担当者同士でコミュニケーションをとることで解決できるようにする方法である。

　Tushman and Nadler（1978）も組織を情報処理のシステムとしてとらえ，組織のサブユニットが直面する不確実性を情報量の差から考えている。サブユニットのタスクの特徴，タスク環境，ユニット間のタスクの相互依存度といった要因によってサブユニットの直面する不確実性が決まり，それに応じて必要な情報処理量が決まる。そして，サブユニットの構造や，ユニット間のコーディネーションとコントロールのメカニズムによって決まる情報処理能力が，必要とされる情報処理量に対して適切な水準である場合に組織は最も有効に機能するとしている。

　一方，組織が環境要因に対応する際には，不確実性だけでなく，多義性にも対処する必要がある。多義性とは，対立する複数の解釈が成り立ちうるようなあいまいさ[11]である（Daft and Macintosh, 1981；Daft and Lengel, 1986）。多

11） Weick（1979）では，多義性（equivocality）とあいまいさ（ambiguity），不確実性（uncertainty）を区別している。多義性を多様な意味を有している状態ととらえるのに対し，意味が欠けている状態をあいまいさ，意味が混乱している

義性の高い環境に直面した組織は，活動に支障をきたさない程度に多義性を削減する必要がある（Weick, 1979）。

不確実性は必要な情報量と所持する情報量との差であることから，不確実性の削減には情報の量が重要であるとされるのに対し，多義性の削減には質的な側面が重要であるとされる。この違いにより，不確実性の削減と多義性の削減とでは，それぞれ適した方法が異なる。必要とされる情報処理に合うように適切なメカニズムを選択することが，組織のパフォーマンス向上につながる（Thomas and Trevino, 1993）。

組織は，不確実性や多義性を削減しながら，直面する環境要因に自らにとっての意味を形成する認識のプロセス[12]を進める。その結果，仮に同じ環境要因に直面していたとしても，組織によってそこから生まれる行動には違いが生じることになる。

組織はすべての環境要因に同じように注意を払うわけではない。特定のイベントに注目する一方で，他のイベントには注意を払わないこともある。また，ある組織が重視する要因について，他の組織は関心を払わないことも考えられる。Ocasio（1997）は，Simon（1947）の議論をもとに，組織はすべての要因に注意を払うわけではなく，限られた要因にのみ注意を払い，その際

状況を不確実性とする。ただし Weick（1995）では，あいまいさは，複数の解釈が可能であるという点で多義性を意味すると同時に，明確性の欠如として不確実性と類似の意味も持つ概念であるとされ，「あいまいさのあいまいさ」が指摘されている。このように，Weick の議論ではこれらの概念の間の関係は必ずしも明確ではない。この点に関しては小橋（2002）を参照。

12) 環境に意味を見出したり，意味を形成したりするプロセスについては，認識（Walsh, 1995 など），解釈（Daft and Weick, 1984 など），センスメーキング（Weick, 1995 など）といったように，さまざまな用語が存在する。これらの用語について，例えば Weick（1995）では，解釈とセンスメーキングを比較し，センスメーキングはより創造的な側面を重視した概念であるとして区別している。しかし，それぞれの用語について，必ずしも一致した見解が共有されているわけではない。そこで本書では，認識という用語を用いて，こうしたプロセスについて扱うこととする。

第2章　分析に用いる概念

に何に注意を払うのかは，コミュニケーションや手続きのあり方など組織内の要素によって体系的に決まるとしている。

　これに対して，産業レベルで注目を集めるイベントが発生するケースもある。産業外部の主体によってどの程度注目を集めているか，産業のイメージにどの程度影響するかといった要因から，あるイベントは大きな注意を払われることがないのに対し，別のイベントは社会的な問題として認識され，継続的に注目され続ける（Hoffman and Ocasio, 2001）。その結果，産業を取り巻く制度や中心となる技術が変化したり，産業内での組織のポジションが変化したりといった状況が生じる。

　ここまで見てきたように，組織は環境に適切に適応しなければならない。ただしその際には，組織は環境要因を認識し，そこから自らの行動の前提となる意味を形成する。そのため，すべての環境要因が同じように組織の行動に影響を及ぼすわけではない。本書では特に，制度環境への適応が重要となる場合に焦点を当てる。

2-2-2　制度環境への適応

　組織はさまざまな環境要因に直面しており，適応していくことが求められる。制度環境は，その中でも組織にとって重要なものの一つである。

　本書で扱う制度環境（institutional environment）とは，サポートや正当性を得るために個々の組織が従わなければならないルールや要請からなるものである。資源や技術的ノウハウ，業務に関連する情報からなり，効率性や有効性が求められる技術的環境（technical environment）と対比される（Scott, 1995, 2008；Scott and Meyer, 1991）。

　制度環境に適応し社会的に受容されることは，組織が活動に必要な資源を入手するために必要である。組織は社会の中に存在しており，他者との関係の中で活動している。現代の社会において，組織が我々の生活に与える影響は大きいため，組織は社会に受け入れられる存在であることが求められる。つまり，組織は他者にとって理解可能であり，社会において正当であると判

26

2-2 組織と環境

断される存在であることが求められるのである。

「受け入れられるか否か」は特定の主体によって判断されるのではなく，社会的に形成された規範や期待によって決まる。ただしその際に，メディアの主張や，業種によっては監督官庁の意向が判断に影響を与えることは考えられる。それらの影響を受けながら，社会的な基準が形成される。

制度環境への適応も，他の環境への適応と同様に，適応しているほうが組織のパフォーマンスを向上させる（Volberda, van der Weerdt, Verwaal, Stienstra, and Verdu, 2012）。また，どのような組織が適応できるのかは環境要因によって異なる（Van de Ven, Ganco, and Hinings, 2013）。

社会と組織の関わりについて議論する研究として，例えばCSR（corporate social responsibility）の研究がある。その中では，営利を目的とする企業であっても，経済的な側面だけでなく社会的な側面で適切な役割を果たすべきであることが主張されている。CSR に関する研究は当初，倫理的な問題として社会的責任を扱ってきた（Carroll, 1999；Lee, 2008）。それが次第に CSR とパフォーマンスの関係に焦点が当てられるようになり，マネジメントの問題として取り扱われるように変化していった（McGuire, Sundgren, and Schneeweis, 1988；McWilliams and Siegel, 2000, 2001；Sen and Bhattacharya, 2001）。そのため，CSR の研究は，制度レベル・組織レベル・個人レベルなど，さまざまなレベルに焦点を当てて行われてきたが，その中心は組織レベルでの研究になっている（Aguinis and Glavas, 2012）。これらの研究では，組織全般が果たすべき責任をステークホルダーとの関係の中で提示し，それに従うことが組織にどのような影響を与えるのかが議論の対象となっている。

これに対して本書の焦点は，より具体的な局面における組織の行動である。個別の局面を対象に，制度環境に適応するために組織がどのように行動しようとするのかを扱う。

他の主体にとってあまりに異質な存在であることは受け入れを難しくするため，制度環境に適応し，社会に受け入れられるためには他の組織と一定程度の類似点を持っていることが重要となる。例えば組織は，成功している組

27

第2章 分析に用いる概念

織，社会において高く評価されている組織と同型化することによって，自ら
もその社会において適切な存在であることをアピールしようとする（Di-
Maggio and Powell, 1983）。

このような同型化は，組織による制度環境への適応の一つの形態であり，
組織が対外的な正当性を獲得するための重要な方法である[13]（Ashforth and
Gibbs, 1990；Deephouse and Suchman, 2008；DiMaggio and Powell, 1983）。DiMag-
gio and Powell（1983）では，同質化が進むプロセス[14]を同型化（isomorphism）[15]
と呼び，これは組織フィールドの中で生じるとしている。組織フィールドと
は，全体として制度活動の認識された領域を構成するもので，サプライヤー，
消費者，規制当局，競合他社などが含まれる。

また，DiMaggio and Powell（1983）では，同型化のタイプとして，①強
制的同型化，②模倣的同型化，③規範的同型化の三つをあげている。

強制的同型化とは，当該組織が依存している他の組織からの公式・非公式
の圧力，あるいはその組織が属する社会における文化的期待によって，同型
化するものである。これには，政府による規制の影響を受けて同一産業のす
べての組織で同一の手続きが導入されるといったケースが含まれる。

模倣的同型化は，不確実性が高い状況下で，不確実性への対処として組織
が他の組織を模倣することによって生じるものである。不確実性が高く「正
解」がわからない状況で，自らにとって適切な組織形態や経営手法であるか
にかかわらず成功している組織を模倣しようとすることを指す。

規範的同型化は，専門家の集団によってもたらされるものである。大学に
おいて専門家としての類似の教育を受けたことなどにより，組織を超えた専

13）正当性獲得のためのその他の方法については，Ashforth and Gibbs（1990），
Johnson, Dowd, and Ridgeway（2006）および Suchman（1995）を参照。

14）組織が模倣により同質的になる現象について，より詳しくは，淺羽（2002），
Lieberman and Asaba（2006）および Ordanini, Rubera, and DeFillippi（2008）
を参照。

15）DiMaggio and Powell（1983）では同型化についてプロセスの側面と状態の
側面の両方を議論している。

28

門家としてのネットワークが形成されることから，同型化が生じるとされる。

同型化は，組織の構造や運営方法，戦略など，さまざまな面に現れる（Boxenbaum and Jonsson, 2008）。

Fligstein（1985, 1990）は，事業部制組織の普及について，それぞれの組織のとる戦略の影響だけでなく，競合他社の模倣による同型化の影響が存在したことを指摘している。その他，Tolbert and Zucker（1983）はアメリカの地方自治体における公務員制度改革の普及について，Burns and Wholey（1993）はマトリクス組織の普及について，Guler, Guillén, and Macpherson（2002）はISO 9000の普及について，それぞれ同型化が進む要因やプロセスを検討している。

戦略に関する面では，多角化による新規市場への参入（Haveman, 1993）や，企業買収時に投資銀行をアドバイザーとして利用するか否か（Haunschild and Miner, 1997），海外進出（Chan, Makino, and Isobe, 2006；磯辺・牧野・チャン, 2010）といった意思決定においても，同型化の影響が指摘されている。

同型化が対外的な正当性の獲得につながることは，実証的にも支持されている。Deephouse（1996）は，商業銀行の貸付に関する戦略を調査し，戦略的な同型化が正当性の獲得に結びつくことを指摘している。

一方で，同型化が組織に及ぼすのはプラスの影響だけではないことも明らかにされている。例えば，同型化によって正当性は獲得できたとしても，効率性を損なう可能性がある。Barreto and Baden-Fuller（2006）は，銀行が支店の立地を決める意思決定において自行にとって最適の立地が選択されないこと，Westphal, Gulati, and Shortell（1997）やStaw and Epstein（2000）では，トータル・クオリティ・マネジメント（TQM）の導入が正当性の獲得にはつながるが必ずしも効率性やパフォーマンスの向上にはつながらない可能性があることを，明らかにしている。

こういった結果がもたらされる背景の一つとして，同じような構造や戦略，経営システムを採用している組織であっても，早期に導入した組織と遅れて模倣した組織とでは，導入の動機が違う可能性があることが指摘されている

第2章　分析に用いる概念

（Kennedy and Fiss, 2009）。

　早期に導入した組織は，技術的な効率性を高めると同時に社会的な評価も高めようとし，経済的な側面と社会的な側面の両方で他の組織を上回る機会であるととらえている。

　これに対して遅れて導入する組織は，機会ではなく脅威としてとらえていると考えられる。つまり，先行企業を模倣しないと効率性の面で後れをとるだけでなく，正当性も失われると考える。そして，それらの損失を避けるために導入を決断する。

　早期に導入する組織が，積極的な理由で導入するのに対し，遅れて導入する組織は，より消極的な理由に基づいて模倣するため，必ずしも自分たちにとって適しているのかを明確に意識していない可能性がある。その結果，同型化がマイナスの影響を及ぼす可能性が生まれる。

　しかしこれらの場合に関しても，同型化による正当性の獲得自体が否定されているわけではない。むしろ，効率性が損なわれるような場合でも，対外的な正当性獲得のために同型化し，制度環境に適応せざるをえない場面が存在すると解釈することができる。

　とはいえ，同型化を促すような制度的プレッシャーに対して，組織は常に従うわけではない。組織の行動には受動的な従属から積極的な抵抗まで幅広い選択肢が存在し，なぜ制度的プレッシャーを受けているのか，誰が制度的プレッシャーをかけているのか，組織が従わなければならない規範とはどのようなものか，制度的プレッシャーはどのような手段でかけられているか，どのようなコンテクストのもとでプレッシャーがかけられているかといった要因が影響する（Oliver, 1991）。

　どのような行動が選択されるかはプレッシャーそのものの特性およびコンテクストに依存する。例えば，制度的プレッシャーに従うことで達成されると思われる正当性の程度が低いほど，あるいは経済的利益の程度が低いほど組織は制度的プレッシャーに抵抗すると考えられる。このように，組織は状況によっては受動的な対応をするだけでなく，規範や価値を無視したりもす

30

る（Oliver, 1991）。

　さらにこれまでの研究で，制度を変化させる主体が制度的企業家として概念化されているように（DiMaggio, 1988；Greenwood and Suddaby, 2006；Maguire, Hardy, and Lawrence, 2004），制度環境は変化する，あるいはさせることができるものでもある。その際に自らの組織にとって有利な環境となるように働きかけることも不可能ではない。

　このように，組織は制度的プレッシャーに受動的に従う以外の選択肢も持っており，制度を変化させることができる可能性がある。確かに組織は常に制度環境に受動的に適応しようとするわけではない。しかし同時に，制度的プレッシャーに抵抗することのデメリットが大きく，従わざるをえない局面も数多く存在するし，常に主体的に制度を変えていけるわけでもない。

　制度環境に適応することの重要性は，制度環境に適応できず，社会的に不適切な存在であるとみなされるようになった場合を考えると明確になる。そのような局面としては，不祥事を起こした場合があげられる。

　日本国内において組織不祥事は近年でも多数生じており，不祥事を引き起こした原因として，組織の倫理的・文化的・構造的な側面などが指摘されることが多い[16]。そこでの焦点は主に，「組織はなぜ社会的に期待される役割から逸脱してしまうのか」という点にある。つまり，組織やそのメンバーの認識に基づく原因で問題が生じ，それが結果として不祥事となって現れると

---

16) 組織不祥事に関する研究の多くは，なぜ問題が生じたのかに焦点を当てている（MacLean, 2008）。例えばSzwajkowski（1985）は，組織の違法行為が生じる原因を，環境，構造，選択の三つの側面から検討している。Vaughan（1999）は，組織が問題を生じさせる要因を，組織の置かれた環境，組織の特性，組織内の個人の認識の仕方の三つに分類している。Wicks（2001）は，組織が事故を引き起こした理由を，規制によるもの，規範的なもの，認識的なものという三つの制度的な側面から見ている。Ashforth and Anand（2003）は，組織の問題行動がいかに常態化するかを検討し，制度化，合理化，社会化という三つの要素をあげている。その他，日本国内で生じた事例については，樋口（2012），小山（2011），間嶋（2007），谷口（2012）などにおいて検討されている。

第2章　分析に用いる概念

考えられている。これらの研究で取り上げられている組織がどのような結末を迎えたのかを見ると，社会的に不適切な存在とみなされ，受け入れられなくなることのリスクは大きいといわざるをえない。多くの場合，組織は制度環境への適応を意識することになるだろう。

2-3　組織アイデンティティの確立

2-3-1　組織アイデンティティとは何か

　次に，組織アイデンティティについて見ていく。この概念は，Albert and Whetten（1985）によって導入された[17]。その際に彼らは，組織アイデンティティとはどのようなものかを三つの問いと三つの基準で示している。

　三つの問いとは，「我々はどのような存在であるか？」「我々はどのようなビジネスを行っているか？」「我々は何になりたいか？」である（Albert and Whetten, 1985, p.265）。「我々はどのような存在であるか？」は，個人レベルでのアイデンティティである「私はどのような存在であるか？」と対応するものである。残りの二つも含め，主語は「我々」になっており，個人の集合である組織を一つの主体としてとらえ，その主体がどのような存在か，あるいは自分らしさとは何かについての自己認識が，組織アイデンティティとされている。

　また，三つの基準[18]とは，①中心性，②独自性，③連続性である（Albert

---

17)　ただし，出発点を共有しながらも，異なる二つのパースペクティブに基づく研究の流れがあることも指摘されている（Corley, Harquail, Pratt, Glynn, Fiol, and Hatch, 2006；Elstak, 2008；Ravasi and Schultz, 2006）。一つは social actor perspective で，もう一つは social constructionist perspective である。両者は必ずしも排他的な考え方ではないが，Elstak（2008）は，これまでの主要な研究の多くは social constructionist perspective の立場からのものであることを指摘している。さらに，Gioia, Patvardhan, Hamilton, and Corley（2013）では，この二つに加えて institutionalist view および population ecologist view の二つがあげられている。

2-3 組織アイデンティティの確立

and Whetten, 1985, p. 265)。これらの三つを満たすような組織の特徴を組織ア
イデンティティと考えている。

　組織アイデンティティは，組織の構成員によって常に意識されているわけ
ではなく，特定の状況下において明確に認識される。Albert and Whetten
(1985) では，組織アイデンティティが明確になる状況として，以下の六つ
があげられている (pp. 274-275)。

　第一の状況は，組織の形成時である。新たに組織が立ち上げられる際には，
活動領域をどこに定めるのか，何を目的にするのか，どのような手段によっ
て目的を達成するのかなどを考えなければならない。これらはすべて，自分
たちの組織はどのような存在であるのかという問いに関連するため，アイデ
ンティティが明確となる。第二の状況は，アイデンティティを維持する要素
が失われたときである。これには例えば，創業者が会社を去ったときなどが
含まれる。第三の状況は，組織が目的を達成したときである。特定の目的の
ために設立された組織の場合，それが達成されたときに，次に何を行うべき
かを考えなければならなくなる。第四の状況は，組織が急成長している局面
である。利用可能なリソースが増加することで，選択肢の幅が広がる。その
中からどの選択肢を選ぶかを考えるときに，アイデンティティを意識するこ
とになる。第五の状況は，集団のステータスに変化が生じたときである。主
要な子会社を売却したり，他産業に属する企業を買収したりしたとき，組織
の持つアイデンティティを考えることになる。第六の状況は，組織が縮小す
る局面である。縮小の局面ではリソースの配分の優先順位を考えなければな
らない。そのことは，自分たちはどのような業務を手がけていくべきかとい
う問題意識につながる。

　このようにして組織アイデンティティ論の出発点となった Albert and

---

18)　その後の研究も，Albert and Whetten (1985) によって提示された定義を出
　発点としている。ただし，この定義はシンプルであるがために多様な解釈を許す
　側面もあり，この定義を引用する研究者の間でも異なる理解がされている部分が
　ある (佐藤，2013a)。この点に関して，山田 (2010)，山城 (2015) も参照。

33

第 2 章　分析に用いる概念

Whetten（1985）をはじめとする多くの研究は，組織アイデンティティの概
念のルーツとしてまず，個人レベルでのアイデンティティに言及している
（Gioia, 1998)[19][20]。そのほかにも社会学者・社会心理学者の研究を中心に，
組織アイデンティティは単一の理論に基づくというよりは，多様な理論から
アイデアを吸収しながら発展してきたといえる（Cornelissen, 2006 ; Hatch and
Schultz, 2002 ; Ravasi and van Rekom, 2003）。

　また，組織アイデンティティの概念について理解するためには，組織文化
などの関連する概念[21]についても見ていく必要がある。以下では，Hatch
and Schultz（2002）に従い，組織文化および組織イメージとの関係を整理す
る[22]。

　組織アイデンティティと組織文化は関連の強い概念であると考えられてい
る[23]。そのため，組織文化と組織アイデンティティの違いを整理すること

---

19)　ただし，Albert らの研究では，個人レベルでのアイデンティティの議論と組
　　織アイデンティティがどのように結びつくのかについては明確には説明されてい
　　ない。この点に関し，後に著者の一人である Whetten は，組織レベルの概念が
　　個人レベルの概念からアイデアを援用する際には，必ずしも構造が同じである必
　　要はなく，機能が同じであればよいとしている（Whetten, 2006）。

20)　個人レベルのアイデンティティからのメタファーとしてとらえる場合にはメ
　　タファーとしての組織アイデンティティ概念がどれだけ適切であるのかが問題と
　　なる（Corley, Harquail, Pratt, Glynn, Fiol, and Hatch, 2006）。この点に関して，
　　Cornelissen は否定的な立場を（Cornelissen, 2002a, 2002b），Gioia らは肯定的な
　　立場をとっている（Gioia, Schultz, and Corley, 2002a, 2002b）。ただしその他の研
　　究では，必ずしも両者を関連づけて議論してきたわけではなく，独立した概念と
　　して扱われることも多い（Gioia, Schultz, and Corley, 2000 ; Haslam, Postmes,
　　and Ellemers, 2003 ; Kreiner, Hollensbe, and Sheep, 2006）。

21)　このほかに関連の強い概念としては組織アイデンティフィケーションがある。
　　組織アイデンティフィケーションについては高尾（2013）を参照。

22)　ほかに組織アイデンティティと組織文化の関係を議論している研究に，山田
　　（1990, 1991, 1993）がある。Hatch らの研究と比較すると，組織アイデンティテ
　　ィを組織文化を包含する概念であるとしている点，組織文化をより具体的に表出
　　された組織の独自性ととらえる点に大きな違いが見られる。

23)　Hatch and Schultz（2002）では，"conceptual minefield"（p. 996）という表

34

は，組織アイデンティティの概念を正確に理解し，組織現象を考える際に組織アイデンティティの視点から見ることの意義を考える上で重要となる（Fiol, Hatch, and Golden-Biddle, 1998）。

組織アイデンティティと組織文化の違いについて，組織アイデンティティがテクスト的[24]（textual）・明示的（explicit）・機能的（instrumental）なものであるのに対し，組織文化は文脈的（contextual）・暗黙的（tacit）・創発的（emergent）なものであるとされる（Hatch and Schultz, 2000, 2002）[25]。これらの違いのため，組織文化は容易に変化せず，操作することが困難なものであると考えられている（Chun, 2005）。これに対し，組織アイデンティティはより変化しやすいものだとされる。

また，組織アイデンティティと組織文化の間には相互作用が存在することも指摘されている（Hatch and Schultz, 2002）。彼らによれば，組織アイデンティティは組織文化を表出し（expressing），また，組織アイデンティティは内省により文化の中に埋め込まれるとされる（reflecting）。

組織文化と並んで組織アイデンティティと関係の深い概念が，組織イメージである。組織イメージとは，Dutton and Dukerich（1991）では，他者が当該組織について特色であるとみなしていると当該組織メンバーが考えるものとされている。これに対して Hatch and Schultz（2002）では，他者の当該組織に対する見方を組織イメージとしている。このように，当該メンバーの認識を組み入れるか否かによって複数の立場が存在するが，どちらも他者からの視点に基づいて定義している点では一致している。また，Dutton, Dukerich, and Harquail（1994）は，組織イメージには，組織のメンバーが組織に

現を用いて，両者をどのように区別するべきかについては組織アイデンティティ研究の初期から議論されていることを指摘している。

24) あるいはストーリー的とも表現されている。

25) ただし，これは相対的なものであり，組織アイデンティティは組織文化と比べると，テクスト的・明示的・機能的であるということである（Hatch and Schultz, 2002, p. 997）。

第2章　分析に用いる概念

関して独自性があり中心的で持続性があると考えているものと，組織外の主体が組織をどのようにみなしているかについての組織メンバーの考え，という二つがあると指摘している。Dutton らは，前者を認識された組織アイデンティティ，後者を解釈された外的イメージと呼んでいる。このうち後者が他の研究者による組織イメージに相当すると考えられる。

　組織イメージは，組織が特定のイメージを与えるために意図的にとる行動だけでなく，組織メンバーと消費者をはじめとする外部の主体との日々のインタラクションからも影響を受けて形成される（Hatch and Schultz, 1997）。

　組織アイデンティティを考える上で組織イメージが重要になるのは，組織文化と組織アイデンティティの関係と同様に，この両者の間には相互作用が存在し，組織イメージの影響によって組織アイデンティティに変化が生じると考えられるためである。

　Hatch and Schultz（2002）[26]は，組織アイデンティティから組織イメージへの影響として，表出されたアイデンティティが他者に印象を与えるとしている。一方，組織イメージから組織アイデンティティへの影響として，アイデンティティは他者のイメージを映し出すとしている（Hatch and Schultz, 2002, p. 991）。

2-3-2　組織アイデンティティの形成

　では組織アイデンティティは，どのように形成されるのか。他の組織と違いを作ること自体は難しくない。しかし，組織の競争を考えた場合，組織の行動にとって意味のある組織アイデンティティでなければならない。経営資源と競争優位が経済的価値を持つ資源でなければ競争優位につながらないという関係にあるのと同様に，組織アイデンティティも意味のある差異でなければ，単純に「変わっている」「おかしい」とみなされるにすぎなくなってしまう。社会の中で理解され，受け入れられるような基準を満たしながら自

　　26） このモデルをベースに実証的な研究を行ったものに Jack and Lorbiecki（2007）がある。

2-3 組織アイデンティティの確立

分たちらしさを打ち出さなければならない。つまり，組織による個別の行動の積み重ねが社会との関わりにおいてどのように評価されるのかという点を意識しながら，組織アイデンティティの確立を考えることが社会的に期待されることになる。

確立された組織アイデンティティは，組織内において認識枠組みとして機能し，行動の基準となる。組織内では，組織アイデンティティと適合的であるとみなされるような行動が，適切であると認識されるようになる。

組織アイデンティティの確立には，さまざまな内的要因・外的要因が作用する（Gioia, Patvardhan, Hamilton, and Corley, 2013）。

内的要因としては，①創設者やリーダーの信念や価値観，②組織メンバーによる過去の経験，③組織の物語，という三つのカテゴリーが指摘されている（Gioia, Patvardhan, Hamilton, and Corley, 2013）。

これまでの研究の多くが，組織アイデンティティの形成におけるマネジャーやリーダーの役割を強調している（Ravasi and Phillips, 2011）。Voss, Cable, and Voss（2006）では組織アイデンティティは，組織のトップが組織の行動を規定するような価値観や信念を築くことによって形成されるとしている。Dhalla（2007）では，組織アイデンティティの形成に影響を与える要因として，トップ・マネジメント・チームの影響をあげている。Scott and Lane（2000）は，組織アイデンティティはマネジャーと組織内外のステークホルダーとの相互作用の中で生じるとし，組織アイデンティティの形成におけるマネジャーの役割を強調している。平澤（2013）は，イノベーションを実現しようとするベンチャー企業を対象とした調査において，リーダーの果たす役割を明らかにしている。

外的要因としては，まずライバル企業の存在があげられる。Kroezen and Heugens（2012）では，オランダの小規模ビール醸造所を対象とした調査から，同業他社が二つの面で組織アイデンティティの形成に影響を与えているとしている。一つは，他企業の組織アイデンティティが，手本として機能するという側面である。Kroezen らは，新たな醸造所の組織アイデンティテ

37

第 2 章　分析に用いる概念

ィが形成される際に，他の醸造所の特徴が評価の対象となり，そのうち自分
たちに適したものが選択され，調整されて取り込まれていくことを指摘して
いる。もう一つの側面は，違いを強調すべき対象となる点である。ある組織
が自らの組織アイデンティティを形成するために，他組織のアイデンティテ
ィが参照され，それといかに違うかという点が強調され，独自性が主張され
る。

　その他の外部要因としては，メディアの影響が指摘されている（Dhalla,
2007；Kjærgaard, Morsing, and Ravasi, 2011）。すでに見たように，組織イメー
ジは組織アイデンティティに影響を与える。メディアによる評価は，組織イ
メージの形成に作用するため，それを通じて組織アイデンティティの形成に
も影響を与えると考えられる。

　Gioia, Price, Hamilton, and Thomas（2010）では，さまざまな内的要因と
外的要因を含む，組織アイデンティティが形成されるプロセスのモデルを提
示している。

　まず第一のフェーズでは，組織の設立者によって，組織アイデンティティ
の基礎となるようなビジョンが打ち立てられる。しかし，組織アイデンティ
ティが確立されているわけではないことから，第二のフェーズでは，自分た
ちが組織としてどうあるべきかを見失う段階を経験し，まずは「自分たちは
何者で
・・
ないか」ということから自分たち自身について意味づけをするように
なる。これを受けて第三のフェーズでは，自らの過去の経験と比較すること
によって，「自分たちは何者であるか」について考えるようになる。最後に
第四のフェーズでは，組織のメンバーによって，中心性・独自性を持ち，持
続性があると考えられるような組織の特徴に関する合意が形成され，組織ア
イデンティティが確立していく。

　Gioia, et al.（2010）では，また，これらの段階的なフェーズのさまざまな
局面において繰り返し生じる事象を，五から八のテーマとして整理している。
第五のテーマは，段階的なプロセスのすべてを通じて生じるもので，自分た
ちがどのような存在であるのかについて交わされる組織内での議論である。

第六のテーマは，主に二から三のフェーズに関わるもので，他の組織と比較して類似性と独自性のバランスを達成しようとする活動である。第七のテーマは，主に二と三のフェーズに関係する。新たな組織活動の確立に向けた試行錯誤が行われる。第八のテーマは，主に三と四のフェーズに関係し，ステークホルダーによる評価を受け入れ，それに基づいて組織アイデンティティに関する主張を修正していくものである。

　ある組織にとってのアイデンティティとは，自分自身を認識する上で欠かすことのできない中心的な特徴であるが，このような特徴は一つの組織に一つとは限らない。そのため組織が複数の組織アイデンティティを有することもある。

　複数の組織アイデンティティを持つケースで多く見られるのが，ビジネスとしての組織アイデンティティとその他の組織アイデンティティを有する組織である。例えば，Albert and Adams（2002）では法律事務所を取り上げ，ビジネスとしてのアイデンティティと法律の専門家としてのアイデンティティが存在しているとしている。同様に，Miller and Wesley（2010）でも，ビジネスとしてのアイデンティティを含む複数のアイデンティティが存在する状況を対象としている。ここでは，社会的な側面とビジネス的な側面の両方を持つソーシャル・ベンチャーを，どのように評価するかが扱われている。また，佐藤・芳賀・山田（2011）では，学術出版組織の組織アイデンティティが文化・商業・職人性・官僚制という四つの要素から構成されており，どの側面が強く出ているかの組み合わせが組織によって異なっていることを明らかにしている。

　複数の組織アイデンティティが存在する場合，組織メンバーは異なる組織アイデンティティから導かれる競合するような目標に直面することもある（Foreman and Whetten, 2002）。そのような場合の組織メンバーの対応について，Golden-Biddle and Rao（1997）は，NPO 組織を対象とした調査から明らかにしている。彼らが調査した NPO 組織の理事会では，二つの組織アイデンティティに基づき，理事たちには用心深い監視者と友好的で支えとなる同

第 2 章　分析に用いる概念

僚という二つの役割が求められていた。そのため，予算に関する問題が生じたときに，どちらの組織アイデンティティに基づく役割を選択するのかを迫られる状況が生じていた。また，佐藤（1999）は，日本の劇団の調査から，劇団組織が経営組織・運動体・共同体・教育組織といった複数の側面を持つものであったことを指摘し，それらの組織アイデンティティの間を揺れ動いた結果，「劇団とは何であるのか」を明確に提示できなかったとしている。

　このように，複数のアイデンティティが存在すると組織内でのコンフリクトが生じやすくなり（Pratt and Foreman, 2000），その結果，意思決定が遅くなったり，調整のためのコストが上昇したりするという問題が生じる。

　とはいえ，複数の組織アイデンティティが存在することにはデメリットだけでなくメリットも存在することが指摘されている。Hillman, Nicholson, and Shropshire（2008）は，コンフリクトが生じるデメリットだけでなく，組織のメンバーがさまざまな状況で求められる役割に応えやすくなるというメリットを主張している。また Pratt and Foreman（2000）は，メリットとして，多様な組織内の利害関係者の期待を満たすことができるということをあげている。それにより，多様な人材を組織に引きつけることができるようになり，創造性を高めたり学習を促進したりすることが可能になるとしている。

　また，上でも少し述べたように，複数の組織アイデンティティが存在する場合に，それぞれのアイデンティティが同等に機能するとは限らない。組織は，複数のアイデンティティを状況に応じて使い分ける側面も持つ（Sato, 2014a）。

　例えば Dutton and Dukerich（1991）の事例では，組織イメージの影響でアイデンティティが変化するプロセスを記述している。そこでのアイデンティティの変化は，複数存在する既存のアイデンティティの中からの選択の問題として説明されている。つまり，行動の基準となるアイデンティティのレパートリーが A, B, C, D と複数存在し，当初アイデンティティ A→行動 a という関係であったものが，イメージの悪化によりアイデンティティのレパ

40

2-3 組織アイデンティティの確立

ートリーの中から別のアイデンティティが選ばれ，アイデンティティB→行動bという関係に変化したものとして記述されている[27]。

　このように，組織は複数の組織アイデンティティを使い分け，行動を変化させていくこともあるし，行動の結果から特定の組織アイデンティティが選択されるようになることもある。

2-3-3 組織アイデンティティが組織に与える影響

　組織アイデンティティが組織にとって重要なのは，組織の意思決定に強く影響するからである。

　まず，組織アイデンティティは，組織の慣性（Hannan and Freeman, 1984；Kelly and Amburgey, 1991）を生み出す要因となる。

　例えば，組織アイデンティティは組織が環境の変化に対応して学習を進めようとするときの妨げとなる（Brown and Starkey, 2000）。Kjærgaard（2009）は，組織アイデンティティが戦略策定に与える影響について検討している。この研究では，組織アイデンティティは組織の認識のプロセスに影響するため，戦略の策定において変化を難しくする側面があることを指摘している。Nag, Corley, and Gioia（2007）では，組織の持つ知識の使い方が組織アイデンティティに影響されて決まり，この点でも慣性が働くことが指摘されている。Reger, Gustafson, Demarie, and Mullane（1994）は，TQMの導入のような組織変革を困難にする要因として組織アイデンティティをあげている。Tripsas（2009）は，新技術の導入が進まない要因として組織アイデンティティをあげている。組織アイデンティティは新技術の評価に影響すること，および既存のルーチンと結びついていることから，新技術が既存の組織アイデンティティから逸脱するような場合，その技術の導入には困難が伴うとしている。また，佐藤（2013b）は，新たな組織ルーチンの形成を伴うような組織変革を実行する際に，組織アイデンティティの存在がその障害になりうる

---

27)　この点に関して，より詳しくは佐藤（2009a）およびSato（2014a）を参照。

第 2 章　分析に用いる概念

ことを指摘している。

　組織に慣性が生じるということは，変化する環境への適応を難しくする
(Hannan and Freeman, 1984)。したがって，組織が環境に適応しなければなら
ない局面では，適切に組織アイデンティティをマネジメントすることが求め
られると考えられよう。

　組織アイデンティティが組織の変化を妨げる側面を持つことは，Fiol
(2001) においても指摘されている。しかし，Fiol は，組織が競争する上で
組織アイデンティティが有利に働く面も指摘している。一つは，組織アイデ
ンティティが存在することによって，アイデンティティを脅かすような問題
の解決を促進することである。もう一つは，組織に一体感をもたらすことで
ある。これらの影響により，組織に競争優位がもたらされるとしている。

　組織にとっての自分たちらしさである組織アイデンティティは差別化の源
泉になるため，組織アイデンティティの確立は，その組織が競争優位を築く
ための基礎となる。組織アイデンティティに基づいて他の組織と差別化し，
模倣されないようにすることができれば，それは持続的な競争優位の源泉と
なりうる (Fiol, 1991, 2001)。

　組織アイデンティティを確立し，他組織との差別化を図るためには，例え
ば他のどの組織も保有していないような世界初の技術を開発するであるとか，
他の組織には見られないような画期的な業務システムやビジネスモデルを採
用するといったことができればわかりやすいかもしれない。実際，これらの
要素が重要であることは間違いない。

　しかし，それだけでは組織アイデンティティを確立するのに十分ではない。
組織アイデンティティを確立するためには，他者から差異を認識される必要
がある。また，自らが保有している経営資源を組織アイデンティティの確立
のために有効に活用するためには，自らが「自分たちらしさ」を認識し，そ
の枠組みに沿って一貫性を持って活用していくことが必要となる。

　このように，組織アイデンティティと戦略の関係は，組織アイデンティテ
ィが戦略に影響を与えるという一方的なものではない。Ashforth and Mael

42

2-3 組織アイデンティティの確立

（1996）は，両者は相互に影響を与え合う関係であることを指摘している。組織アイデンティティは，戦略の方向性を与えるように作用し，戦略は組織アイデンティティを変化させたり強化させたりするように作用する。また，Sillince（2006）は組織アイデンティティと組織のリソースが互いに強化し合うことにより競争優位につながることを指摘しており，これも組織アイデンティティと戦略の相互作用と考えることができる。

　組織が自らの独自性をどのようにとらえるのか，組織が自らをどのようなカテゴリーに位置づけるのかは，組織のポジショニングと組織のリソースの両面で戦略に関連する。組織アイデンティティはその組織の構成員による情報処理や解釈に影響を与え（Gioia and Thomas, 1996），共有された組織的なスキーマとして，組織内でどのような意思決定が行われるのかにも影響を及ぼす（Barney and Stewart, 2000）。例えば，組織アイデンティティに埋め込まれた考え方が組織のメンバーによるリソースの認識に影響し，組織アイデンティティの違いによって何をリソースとみなすのかが変わってくる。そのため，組織が戦略的な問題をいかに考えるかについても影響する（Glynn, 2000）。

　Livengood and Reger（2010）は，組織アイデンティティが，どこで，どのように競争を行うのかという決定に影響することを指摘している。彼らは組織アイデンティティの影響により，アイデンティティ・ドメインという競争の場が認識されるようになるとしている。これは，組織アイデンティティを最もよく象徴するため，重要性が高いと認識され，「縄張り」だと思われているような活動領域である。経済的な評価とは別の観点から，誰をライバルと考えてどこで競争するのかを規定する要因となる。

　組織は外部からの評価の影響を受け，自らの独自性を戦略的に再定義することもある。Elsbach and Kramer（1996）は，ビジネス・スクールを対象に，アイデンティティに脅威が生じた場合の組織の対応を明らかにしている。

　彼らは組織アイデンティティに脅威をもたらす要因として，*Business Week* 誌によるビジネス・スクールのランキングをあげている。この脅威には二つのタイプが含まれている。一つは組織にとって中核となる特性の価値

43

第2章　分析に用いる概念

に対する脅威であり，もう一つは組織のステータスに対する脅威である。そのためトップクラスのビジネス・スクールであると自認していた組織が低いランクに位置づけられたとき，その組織においてはこの両方が生じ，脅威は大きかった。

　これに対する組織の対応は，ランキングでは評価されていないアイデンティティのポジティブな側面を確認する，なぜ満足のいくランクに位置づけられなかったのかを理由づけする，といったものであった。この目的のために，ランキングでは評価されないアイデンティティのポジティブな側面を強調するようにカテゴリー化[28]する，比較対象を変更するようにカテゴリー化する，といった方法がとられていた。

　ここで重要なのは，組織アイデンティティには独自性と同時にカテゴリーを表す側面があるということである。

　比較対象を変化させるということは，自分たちがどのカテゴリーに所属していると考えるかの認識を変化させるということでもある。組織アイデンティティにおいては，特定の業界に所属していることや特定の顧客層をターゲットにしているということも，アイデンティティを構成する要素となる。

　例えば，「高水準の教育を提供する」ということを組織アイデンティティの一部としている大学は，同様に高水準の教育を提供している他の大学と自分たちを関連づけて認識することになる。そのため，比較を行う際にも関連づけられた組織を対象とすることになる。これは，組織にとって誰を競争相手として認識するのかということにもつながる。

　組織アイデンティティは，自己認識について考える場合も他者の認識の影

---

28)　この場合のカテゴリーとは，客観的に定義されるものではなく，組織が誰を競合相手として認識するかによって形成されているものと考えられる。そのため，「業界」の範囲とカテゴリーが必ずしも一致するわけではない。ただし，一つの業界として括られることが，組織による競合関係の認識に影響を及ぼすとも考えられる。この点に関しては，Livengood and Reger（2010），Porac and Thomas（1990），Porac, Thomas, and Baden-Fuller（2011），Porac, Thomas, Wilson, Paton, and Kanfer（1995）を参照。

44

響を考える場合も，他の組織との比較の中でしか判断することができない。そのため他者との比較が，独自性としての組織アイデンティティを生み出す基礎となると同時に，自身が属するカテゴリーも表すことになるのである。

　このように，組織アイデンティティは，組織の行動にさまざまな面で影響することになるが，その背景には組織アイデンティティが，その組織の構成員がどのように情報を処理し，問題を解釈するのかに影響するということがある（Gioia and Thomas, 1996）。ひとたび組織アイデンティティが形成されると，それは組織の活動領域を定め[29]，組織メンバーの行動の基準ともなる。そのため，組織アイデンティティと適合的な行動であれば組織内での正当性を獲得できる。反対に，組織アイデンティティから逸脱するような行動だと対内的な正当性を獲得することが困難になる。

　これは組織の行動を厳密に規定するわけではないが，特別の理由がなく正当性を得られないような行動が選択されることはないため，組織の進む方向を決定する役割を果たすことになる。

2-4　組織の対外的正当性と対内的正当性

2-4-1　対外的正当性と対内的正当性の両立

　ここまで，組織における正当性について，制度環境および組織アイデンティティとの関係から検討してきた。この二つの視点は，「組織と認識の問題」を扱うという点では親和性[30]がある。

　制度環境との関係では，組織外の主体から組織がどのように認識されるか，そしてそれを組織がどのように認識するのかという問題として見ることがで

---

[29]　活動領域を定めるということは，組織の活動の範囲，つまり組織の境界を定めることにもつながる。組織アイデンティティに基づく組織の境界の考え方については Santos and Eisenhardt（2005）を参照。

[30]　制度理論と組織アイデンティティ論の親和性については，Glynn（2008），Lamertz, Heugens, and Calmet（2005）も参照。

第 2 章　分析に用いる概念

きる。また，組織アイデンティティは組織の自己認識であり，選択された行動を適合的なものと認識するのかが組織内で正当性を獲得できるか否かに影響している。

　しかし，制度環境に適合的な行動と組織アイデンティティに適合的な行動とは，それぞれが異なるロジックに基づいて形成されていることから一致するとは限らない。そのため，組織アイデンティティが慣性を生む要因となり，制度環境変化への適応の妨げとなることが考えられる。

　この問題への答えの一つは，制度環境と適合的な組織アイデンティティを形成するというものである。組織にとっては対外的な正当性の獲得も，対内的な正当性の獲得も重要な課題である。そのため，制度環境への適合性と組織アイデンティティとの適合性のどちらか一方を選択するのではなく，組織アイデンティティを外的な正当性を得られる軸の中で形成する，またはそのように変化させることで，両立が可能になると考えられる。

　Pederson and Dobbin（2006）はこの点に関して，次のような表現を用いて説明している。

　　冷凍ピザの会社が，従業員がみな山羊座であることや宇宙人に誘拐されたという信念に基づく文化から自らの独自性を主張することはない。ディスエンパワーメントを自分たちのやり方だと主張することもない。高所得者層の要求を満たすとか，ストックオプションでインセンティブを与えるとか，従業員にエンパワーするといったことを主張するだろう。
　　（Pederson and Dobbin, 2006, p. 904）

　もし「従業員がみな山羊座である」ことをアピールする会社があれば，それはユニークであり，他の組織にはない特徴を持っているといえるかもしれない。しかし，実際にはそのようなことが起こるとは考えにくい。他社との違いを主張する次元は様式化されており（Pederson and Dobbin, 2006），社会において適切とされる競争軸の中で行われる。つまり，社会的に形成された

46

規範を基盤とした中で組織アイデンティティが形成されることになる。

単純に他者と違いさえすればよいわけではないことから、組織にとっては最適な弁別性（optimal distinctiveness）が重要となる（Zhao, Fisher, Lounsbury, and Miller, 2017）。

Lounsbury and Glynn（2001）は、ベンチャー企業を対象とした調査から、正当なアイデンティティ（legitimate identity）を構築するためには、最適な弁別性が重要となることを指摘している。ベンチャー企業は実績がないため、ストーリーによって適切な存在であることをアピールしなければならない。リソースを獲得し、生き残っていくためには、既存の存在との親和性をアピールし、受け入れ可能、理解可能な存在だと認識してもらうことが重要となる。それと同時に、新規に立ち上げられた企業として独自の組織アイデンティティも確立することが求められる。つまり、他の存在との違いをアピールするとともに、社会的に正当性を獲得している既存の存在との関係性もアピールしなければならないため、適切な差異を確立することが求められる。

また、組織が他者との違いを主張する際には比較対象が必要となる。この比較対象はどの組織でもよいということにはならず、同じカテゴリーに属している組織と比較して違いを認識する可能性が高い。この場合、同じカテゴリーに所属する他の組織との間で差別化を図ろうとするとともに、カテゴリーからは逸脱しないように行動する。つまり、他の組織との間に適切な差異を生み出そうとする。

時間的な変化で見ると、新規の市場が立ち上がる際にはまず、市場のカテゴリーとしてのアイデンティティが強調され、対外的な正当性を獲得することが重視される。一方、カテゴリーとして正当性を獲得するようになると、個別の組織がそれぞれ独自性を強調するようになる（Navis and Glynn, 2010）。

Glynn and Abzug（2002）は、組織名のような、組織アイデンティティの基礎をなすようなものについても制度的な要因が影響し、同質化する傾向があることを指摘している。Glynn and Abzug（2002）が調査したアメリカの例だと、1700年代末から1800年代には、はじめに会社のオーナーや地域の

第2章　分析に用いる概念

名前がきて，次に製品名，最後にカンパニーという語がつく三つの部分からなる社名が流行した。これが1900年代の初頭になると「ナショナル」「アメリカン」「インターナショナル」といった語を用いる社名が多く見られた。1960年代から70年代にかけては，社名に用いられている語の頭文字をとったものが新たな社名として多く採用された。また2000年頃には，「.com」が入った企業が多く設立された。

　名前のつけ方のパターンは，どのような名前がふさわしいとみなされるかが変化していくのにつれて変化する。つまり，対外的な正当性を獲得しやすい名前というものが存在していることを示している。

　Navis and Glynn（2011）では，カテゴリーの中で意味をなすような形で差別化を図り，正当な弁別性（legitimate distinctiveness）を確立することが，組織アイデンティティの形成にとって重要であるとしている。

　さらにGlynn（2008）では，組織アイデンティティは制度的要素のブリコラージュで形成されるとしている。すなわち，他の組織と共有された価値観や規範をもとに，それを独自に組み合わせることによって組織アイデンティティが形作られるとしているのである。

　これらの議論では，制度環境への適合と組織アイデンティティへの適合を両立するために，外部からの正当性を獲得できるような組織アイデンティティを確立することは可能だと考えられている。

2-4-2　問題設定

　以上で見てきたように，組織の行動や意思決定は対外的にも対内的にも正当性を獲得できるものでなければならない。そのため，制度環境への適合と組織アイデンティティへの適合の両立を求められている。そしてこれまでの研究では，社会的に適切とみなされる評価軸に基づいて独自性を獲得することで，その両立は達成されると考えられている。

　制度環境に適合的な行動と組織アイデンティティと適合的な行動が一致すれば，対外的正当性と対内的正当性を矛盾なく追求することができる。これ

48

2-4 組織の対外的正当性と対内的正当性

図2-2 制度環境の組織アイデンティティへの取り込み

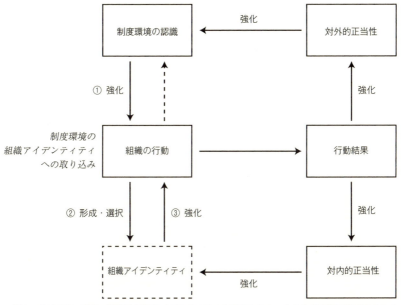

（注）ここでは，当初，明確な組織アイデンティティが存在しなかったことが点線の枠で表されている。

を第1章でフレームワークとして提示した図1-3と対応させると，次のようになる（図2-2）。

まず，組織は制度環境と適合的な行動を選択しようとし，そのような行動が強化される（①）。そしてその行動に基づいて組織アイデンティティが形成または選択される（②）。この組織アイデンティティと適合的な行動は，制度環境とも適合的であるため，制度環境に適合的な行動と組織アイデンティティに適合的な行動が一致し，そのような行動が強化される（③）。

これは，制度環境の要素が組織アイデンティティに取り込まれることによって対内的正当性と対外的正当性の追求が両立されるものと考えることができるが，制度環境と適合的な行動と組織アイデンティティと適合的な行動が一致する状況としては，組織アイデンティティに基づいて制度環境が形成される場合も考えられる（図2-3）。

第2章　分析に用いる概念

図2-3　組織アイデンティティに基づく制度環境の形成

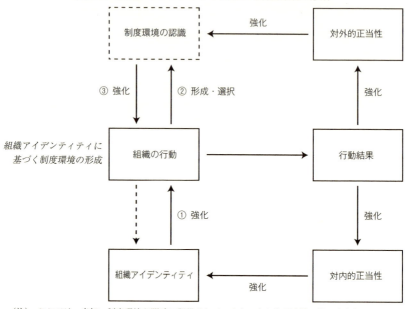

（注）　ここでは，当初，制度環境が明確に認識されていなかったことが点線の枠で表されている。

　この場合，まず組織アイデンティティと適合的な行動を選択しようとし，そのような行動が強化される（①）。そしてそのことが制度環境の形成につながり（②），認識された制度環境に適合的な行動が組織によって選択され強化される（③）。

　しかし，実際には制度環境に適合的な行動と組織アイデンティティに適合的な行動が完全に一致することは少ない。

　制度環境の変化が生じた局面では，対外的な正当性を獲得できるか否かの基準が変化することになるため，組織はその変化に合わせて自らも変化し，適応しなければならない。その際には，対内的な正当性の基準となる組織アイデンティティも同時に変化し，新たに構築されるか，複数ある既存の組織アイデンティティの中から適切なものが選択されることが必要である。

　このような変化への対応が求められる場面で，競争相手と比較した場合の

2-4 組織の対外的正当性と対内的正当性

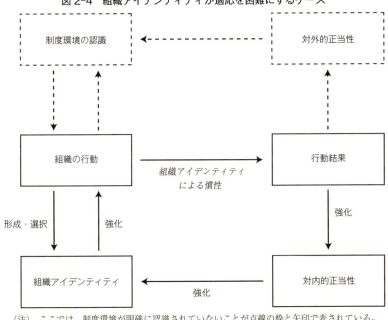

図2-4 組織アイデンティティが適応を困難にするケース

(注) ここでは，制度環境が明確に認識されていないことが点線の枠と矢印で表されている。

「自分たちらしさ」となりうるような明確な組織アイデンティティを有している組織にはどのようなことが起こると考えられるだろうか。

制度環境の変化によって新たに組織に求められるようになった行動が，組織アイデンティティから逸脱しないようなものであれば問題は生じない。既存の「自分たちらしい」行動をより追求することによって制度環境に適応し，外部からの正当性を獲得することができるだろう。一方，組織に求められる行動が組織アイデンティティから逸脱するようなものである場合には，制度環境への適合性と組織アイデンティティとの適合性の二つを維持することは，より困難になる。

しかし，対外的正当性と対内的正当性の両方が重要であることを前提とすると，制度環境の変化が生じた局面でも，制度環境と組織アイデンティティの構成要素を一致させるような対応をとろうとせざるをえないだろう。その

51

第 2 章　分析に用いる概念

場合,「自分たちらしさ」を明確に認識している組織ほど変化が困難になる（図 2-4）。

　では,明確な組織アイデンティティが存在しない場合はどうであろうか。組織アイデンティティに柔軟性があるほうが変化への対応が容易になると想定される（Fox-Wolfgramm, Boal, and Hunt, 1998）。明確な組織アイデンティティが存在する場合と比べて,他の条件が同じであれば組織の変化を妨げる要因は少ないはずである。そのため,変化する環境に対して,より適応しやすいと考えられる。

　しかし,本書の第 6 章および第 7 章の事例で扱う組織には,明確な組織アイデンティティが存在せず,そのことが制度環境が変化する局面で問題を引き起こす原因となっていた。

　すでに見たように,組織は複数の組織アイデンティティを持つことがあり,その中にはカテゴリーとしての側面も含まれる。例えば本書で取り上げるケースの場合,損害保険会社各社の組織アイデンティティを考えると,業界他社と比較しての「自分たちらしさ」を表す組織アイデンティティと,「損害保険会社である」ということによる組織アイデンティティの両方が,構成要素となりうる。

　同じ業界内での競争を考えると,前者が他社との差別化の基盤になる可能性があるのに対し,後者は業界内の企業であれば共有されているものであるから,差別化にはつながらない。しかし,仮に競争の範囲を広げて考える場合,例えば損害保険会社以外の金融機関も含めた競争が生じているような局面では,「損害保険会社である」という認識が,他の業種の企業との競争では差別化の出発点になりうる。

　本書では,競争相手と比較した場合の「自分たちらしさ」となりうるような組織アイデンティティが明確でない場合に,「明確な組織アイデンティティが存在しない」と考える。

　ではなぜ,そのような明確な組織アイデンティティが存在しないことが,組織の制度環境変化への対応において問題となったのか。本書では,それは,

52

2-4　組織の対外的正当性と対内的正当性

独自性が明確でないことから適切な差異を他組織との間に形成することが困難であったために生じた制度環境への過剰反応の結果だと考える。第4章以降ではこの点に注目し，そのメカニズムを説明していく。

第3章

分析対象と方法

第3章　分析対象と方法

　第1章で述べたように，本書では第4章から第7章までの四つの章で実証研究を行っている。具体的な事例の分析に入る前に，分析方法の妥当性についても検討する必要があるだろう。そこで本章では，次章以降で行った実証研究の分析対象と研究アプローチについて述べる。それにより，本書で用いた研究アプローチの妥当性を確認することを目的とする。ここでは各章の分析について，具体的な研究対象と研究アプローチを提示する。また，本書の主要な論点である制度環境への適応と組織アイデンティティについての既存研究で用いられる研究アプローチを概観し，本書で用いたアプローチが妥当なものであることを確認する。

　まず第1節で研究対象について触れる。次に第2節で，研究アプローチについて述べ，実際にどのようにデータを収集したのかについて触れる。最後に第3節で既存研究において多く採用されている研究アプローチを確認し，本書のアプローチの妥当性を確認する。

3-1　研究対象

　本書では，研究対象として損害保険業を取り上げる。損害保険会社を取り上げた理由としては，第一に，研究を実施した時期までのおよそ10年の間に業界に大きな変化が生じていたこと，第二に，研究を開始した時期の直前に業界に大きな影響を与える問題が生じていたことがあげられる。

　第一の，業界の変化とは，自由化の進展である。1996年4月に，改正された新たな保険業法が施行された。それにより，生命保険・損害保険の相互乗り入れ，料率制度の見直しなど，自由化が方向づけられた。しかし，自由化のスケジュールを具体的に決めたのは，日米保険協議であった。

　日米保険協議は，1996年2月に開始された。ここでの主な議題は，参入規制と料率自由化であった。アメリカ側の主張は，第三分野保険における，外国保険会社の保護のための参入規制と，保険料率の自由化であった。一方，日本側は，第三分野における参入規制には反対し，保険料率については，部

56

分的に自由化し，次第に範囲を広げていくという考えであった。この協議は
難航したが，1996 年 12 月に合意に至った。

　合意に至るまでの交渉のプロセスの中で，日本側は，保険料率の自由化に
関する態度を変化させていき，最終的な合意の中では，算定会料率使用義務
の廃止と算定会制度の見直しを含む，大幅な自由化を容認した。

　第二の，業界における問題とは，損害保険業における保険金の不払い・払
い漏れ問題である。これは，第三分野保険あるいは自動車保険等において保
険金が本来支払われるべきなのにもかかわらず支払われていなかったもので
ある[1]。具体的には，自動車保険において，代車を使用したときにかかる費

---

1)　金融庁によると，第三分野保険商品における不払いの事例は以下の四つに分
　けられる（金融庁報道発表用資料，2007 年 3 月 14 日）。

(1)　保険責任開始以前の発病（以下「始期前発病」という）について，約款上
　　は医師の診断により始期前発病が認定された場合に保険会社の免責が適用さ
　　れることとなっている。この始期前発病の取り扱いについて，社員が医師の
　　診断に基づかずに判定を行う等，免責が不適切に適用された事例

(2)　契約者から保険加入時に告知されなかった病歴等と保険金請求原因との間
　　に因果関係がないにもかかわらず告知義務違反を適用して不払いとしたり，
　　保険会社が除斥期間経過後に解除を行う等，告知義務違反を理由とする不払
　　いが不適切に行われた事例

(3)　特定の疾病を不担保とする特約が付されていないにもかかわらず，社員が
　　特約は付されていると錯誤する等により，不担保特約を不適切に適用した事
　　例等

(4)　その他，顧客が保険金の請求を放棄する旨意思表示をしたとして不払いと
　　している事案につき，経緯が検証できない事例等

　また，付随的な保険金の払い漏れとは，「保険事故が発生し，主たる保険金の
　支払いは行われているにもかかわらず，臨時費用保険金等の付随的な保険金（見
　舞金，香典，代車費用等）について，契約者から請求が無かったため，本来支払
　われていなければならないものを支払っていなかったこと」とされている。払い
　漏れ件数の約 9 割が自動車保険の臨時費用保険金等に関するものとなっており，
　その内訳としては対物賠償臨時費用，対人賠償臨時費用，搭乗者傷害保険金，車
　両保険代車費用，車両保険修理時諸費用などがある（金融庁報道発表用資料，
　2005 年 11 月 25 日）。

第3章 分析対象と方法

表3-1 調査対象一覧

	用いた主なデータ	主な調査対象	インタビュー対象
第4章	インタビューデータ，研修への参加に基づく観察データ	国内損害保険会社 X 社	サービスセンターのスタッフ17名
第5章	インタビューデータ	国内損害保険会社 Y 社	プロジェクト・リーダー1名，商品開発部門担当者1名
第6章	文書データ	損害保険業界	
第7章	ニュースリリース，インタビューデータ	国内損害保険会社 X 社	代理店経営者4名，本社損害サービス統括部門グループ長，サービスセンター所長，サービスセンタースタッフ3名，本社商品部門課長，本社経営企画部門課長，本社商品部門課長代理，本社損害サービス統括部門課長代理

用に対する保険金など，事故そのものに関わる保険金以外の付随的な保険金が保険加入者からの請求がなかったということから支払われなかったもの，あるいは，第三分野商品において契約者からの請求に対し，保険加入者の告知義務違反や保険会社の免責などの判断を不適切に行い，保険金を支払わなかったものである。各社が社内調査を行った結果，2007年までの間に業界の最大手企業を含む多くの損害保険会社で発覚した。

　規制緩和や大きな問題の発生は，組織の直面する制度環境に大きな変化をもたらす。そのため，本書の問題意識から考えて，取り上げる価値のある事例であるといえる。

　次に，具体的な調査対象を確認しておく。本書の第4章から第7章において行われた実証研究における調査対象とそこで用いたデータは以下の通りである（表3-1）。

　第4章および第7章で調査対象としている X 社と，第5章で対象としている Y 社は，同一の国内大手損害保険グループに所属する企業である[2]。ま

　2）　守秘義務の関係から，事例を記述する際に具体的な社名は伏せる。また，関係部署等の名称も仮名とする。

た，第6章では業界全体を対象としているため，X社，Y社の両社も含まれている。

3-2　研究アプローチの概要

　第4章から第7章までの実証研究で用いた分析アプローチは，インタビューなどに基づく定性的なデータを用いたケース・スタディである。ここではまず，それぞれの章で用いた研究アプローチの概要を述べる。次に，本書にとって定性的なアプローチが妥当であることを述べるため，このアプローチが制度環境への適応と組織アイデンティティに関するこれまでの研究でも多く用いられていることを確認した上で，定性的アプローチの持つ特性が本書の問題意識に適合的であることを説明する。

　第4章では，自動車保険における契約者や被害者への対応の場面を取り扱った。調査対象は，損害保険会社X社の損害サービス部門である。損害サービス部門は，事故発生時に受付を行い，保険金の支払い業務を担当する部門である。実際の業務は，全国各地にあるサービスセンター（SC）で行われる。調査方法としては，①新人研修への参加，②組織メンバーへのインタビュー，という二つの方法を用いた。

　一つ目は，X社の損害サービス部門における新人研修への参加である。研修後にはすぐにSCで働くことになる新人とともに，同様のカリキュラムで2008年8月5日から13日まで，土日を除く計7日間[3]の研修を受けた。加えて，研修の休み時間，終了後の時間に参加者ならびに講師へのインフォーマルなインタビューも行っている。これにより，研修を通じて会社が何を組織メンバーに求めているかについてのメッセージを新人の視点から調査した。

　受講者は開始時には12名であり[4]，東北から九州まで全国各地から参加

　3）　研修は主に物損担当者向けの4日間と，対人担当者向けの3日間に分かれていた。対人担当者は両方を受けるので計7日間になる。

59

第3章　分析対象と方法

があった。年齢層も 20 代から 40 代まで幅広く，さまざまなキャリアを持つ人が参加していた。SC で働く人は，所長等を除けば，対人担当者，対物担当者，自動車の専門的な知識を持つアジャスターの三職種に分けられる。この研修にはそのすべての職種の人が参加していた。研修開始時に自己紹介の機会があり，その際に調査を目的として参加していることを告げた。講義が始まってからは，他の受講生とまったく同じように参加した。

　この研修では初日に，前方にホワイトボードのある小規模の部屋に集合し，講師が前に立ち，準備されたテキストに基づいて講義が進められた。そこでは，専門用語の解説を含む保険の約款の説明などが行われた。途中には演習問題もあり，受講生が指名されて答える形式で進められた。

　研修の中では，契約者や被害者との会話の仕方についても説明された。その場合には，具体的な話し方の例をあげて説明が行われた。ただし，例文をそのままあげるというよりは，説明のポイントについての例があげられていた。

　研修では講義を聞くのに加えて，2 日目以降にはロール・プレイングも行われた。受講生の一人が損害サービスの担当者役，講師が被害者役になり，設定された状況に基づいて会話をする中で，担当者役の受講生は事故状況に関して必要な情報を聞き取り，書類に記入するよう求められた。被害者役の講師は，設定に基づき，質問された事項に関して回答した。その後，受講生が二人一組となり，担当者役，被害者役に分かれて同様のロール・プレイングが行われた。

　調査方法の二つ目は，同じ X 社の SC で働く組織メンバーを対象としたインタビュー調査[5]である。首都圏にある四つの SC においてインタビューを行った。インタビュー協力者は合計で 17 名，インタビュー時間は 30 分から 1 時間 10 分程度であった（表3-2）。

　インタビュー対象の選択に際しては，まず，どの SC を対象とするかが決

---

[4]　対人担当者は 3 名であったため，後半 3 日間の参加者は 3 名であった。

[5]　インタビューの内容は許可を得てすべて録音した。

60

3-2 研究アプローチの概要

表 3-2 第 4 章インタビュー協力者一覧

SC 名・インタビュー日		職　種	勤続年数
SCa 2008 年 8 月 28 日	A 氏	アジャスター	18 年
	B 氏	対人担当	1 年
	C 氏	対物チーフ	30 年
	D 氏	対物担当	5 年
	E 氏	所長	15 年
SCb 2008 年 8 月 29 日	F 氏	対人担当	4 年
	G 氏	アジャスター	6 年
	H 氏	対物担当	7 年
	I 氏	対物チーフ	6 年
	J 氏	所長	25 年
SCc 2008 年 12 月 9 日	K 氏	対物担当	4 年
	L 氏	対物担当	2 年
	M 氏	対物担当	1 年未満
	N 氏	対人担当	2 年
SCd 2008 年 12 月 11 日	O 氏	対人担当	5 年
	P 氏	対人担当	5 年
	Q 氏	対人担当	1 年未満

めxられた。事故の件数などは地域によって差があるが，SC の業務自体は全
国的に共通であるため，首都圏にある標準的な SC が選択された。その上で，
それぞれの SC の所長の協力のもと，インタビュー協力者が選ばれた[6]。

----

6) インタビュー協力者の選定に際して，職種や経験年数などの属性の希望を伝
　　えた上で，当該 SC の所長の協力のもとで候補者をあげてもらっているため，X
　　社，あるいは当該 SC にとって望ましい情報を提供するインタビュー協力者が意
　　図的に選定されるというバイアスの可能性は完全には否定できない。しかし，各
　　SC に所属する従業員の人数は十数名程度であり，その中で職種や経験年数を指
　　定すると対象者は相当程度限定される。そのため，意図的に選定する余地は少な
　　いと考えられる。

第3章　分析対象と方法

インタビューは2段階に分けて行われた。前半の，SCa，SCb でのインタビューでは，できるだけ幅広い職種・勤続年数の組織メンバーを対象に選んだ。インタビュー内容も，「被害者や契約者と接する際に意識していることは？」といった大枠のテーマの中で自由に回答をしてもらった。後半の，SCc，SCd でのインタビューでは，対象を特に契約者や被害者との対応の多い職種に限定した。内容は，複数の期待される役割の存在やそのコンフリクト，さらにそのときの対応といった面を中心に絞り，比較的短い時間で回答をしてもらった。

第5章では，国内大手損害保険会社 Y 社の確定拠出年金商品開発のプロジェクトを対象とした調査を行った。インタビューはプロジェクト・リーダーおよび商品開発部門の開発担当者を対象に行われた。インタビューは計5回実施され，時間はそれぞれ2時間から3時間程度であった。最初は商品開発の全体像を把握するため質問内容を限定しない形で始められ，後半になるに従って具体的なリーダーの役割についてなど質問を限定して行われた。第5章の事例の記述はインタビュー内容およびインタビュー時に提示された社内資料に基づいている。加えて，Y 社以外の2社の担当者にもインタビューを行った。これは具体的な事例としては取り上げていないが，Y 社の事例を補強する意味を持つ[7]。

第6章では，損害保険業における商品開発を分析対象とした。分析には，損害保険会社各社の有価証券報告書や社史，および新聞や政府刊行物などの文書データを用いた。有価証券報告書やアニュアルレポート，ニュースリリースには，企業は自社にどのような課題があるか，どのような行動をとったかが記述されている。そのため，その企業が直面する環境において，どのよ

---

7) インタビュー日時は次の通り。Y 社開発担当者（2007 年 1 月 23 日，10:00～12:00；1 月 25 日，9:00～12:00；2 月 1 日，10:00～12:30；5 月 7 日，10:00～12:00），Y 社プロジェクト・リーダー（2007 年 3 月 15 日，14:00～17:00），B 社プロジェクト担当者（2007 年 7 月 17 日，13:30～15:00），C 社プロジェクト担当者（2007 年 7 月 25 日，13:30～15:00）。

3-2 研究アプローチの概要

うな問題を認識しているのかを表していると考えられる（Abrahamson and Hambrick, 1997；Kabanoff and Brown, 2008）。

　一方で，有価証券報告書やアニュアルレポートなどの公表されている文書は，特定の対象に向けて書かれており，そのような利害関係者が持つ企業に対する印象に影響を与えることを目的としている。そのため，企業が公表している文書は，印象管理の意図のもとに作成されているとも考えられる。つまりこれらの文書は，社会的にどのような問題が重要だと思われているかを考慮した上で，企業がどのような問題を重視しているかを知る手がかりになる。

　これに対して，新聞などの文書は，社会的な認識の広がりを知るために有用であると考えられる。どのような取り上げ方をされているのかを見ることで，組織の外，あるいは業界の外からどのように見られているのかを確認することができる。

　これらの文書をデータとして用いることで，社会と企業の認識を部分的にでも確認できると考える。

　第7章では，調査方法としては，各社の問題の認識および問題発覚後の対応を見るために，各社の発表しているニュースリリースを資料として利用した。これは，正当性は他の主体の認識によって生じるものであるため，その獲得行動は対外的なアピールとしての側面を持つことから，対外的な発表資料であるニュースリリースを見ることが適切であると考えたからである。

　加えて，実際の組織内での認識を，与えられた枠組みから説明するのではなく，組織メンバーたち自身の認識として表現してもらうため，問題が生じた損害保険会社のうち，協力を得られた企業1社に対してインタビューによる調査を行い，より具体的な事例として検討した。インタビューは，2006年10月から2007年12月にかけて，のべ32回実施した。インタビュー協力者は，表3-3の通りである。

第3章 分析対象と方法

表3-3 第7章インタビュー協力者一覧

	職　　種	日　付
A氏	代理店経営者	2007 年 10 月 22 日
B氏	代理店経営者	2007 年 10 月 24 日
C氏	代理店経営者	2007 年 10 月 24 日
D氏	代理店経営者	2007 年 10 月 24 日
E氏	X 社本社損害サービス統括部門教育研修担当グループ長	2007 年　9 月 14 日
F氏	X 社サービスセンター所長	2007 年　9 月 14 日
G氏	X 社サービスセンタースタッフ（対物担当）	2007 年　9 月 14 日
H氏	X 社サービスセンター賠償主査（対人担当）	2007 年　9 月 14 日
I氏	X 社子会社アジャスター	2007 年　9 月 14 日
J氏	X 社本社商品部門課長	2006 年 10 月　6 日 2006 年 11 月 13 日 2006 年 11 月 21 日 2006 年 11 月 30 日 2006 年 12 月 11 日 2006 年 12 月 21 日 2007 年　1 月 15 日 2007 年　1 月 23 日 2007 年　1 月 25 日 2007 年　2 月　1 日 2007 年　2 月　6 日 2007 年　4 月 17 日 2007 年　4 月 20 日 2007 年　5 月　7 日 2007 年　6 月 13 日 2007 年 10 月 19 日 2007 年 12 月　3 日
K氏	X 社本社経営企画部門課長	2007 年　8 月　1 日 2007 年　8 月 16 日
L氏	X 社本社商品部門火災保険担当課長代理	2007 年　8 月　1 日 2007 年　8 月 16 日
M氏	X 社本社損害サービス統括部門自動車保険担当課長代理	2007 年　8 月　1 日 2007 年　8 月 16 日

64

3-3 研究アプローチの妥当性

次に，制度環境への適応や組織アイデンティティに関する既存研究では，主にどのようなアプローチが用いられてきたのかについて確認していこう。

まず，組織アイデンティティを研究するための方法について，これまでにどのような議論があったのだろうか[8]。

Ravasi and van Rekom（2003）は，組織アイデンティティ研究の方法上の特徴として以下の点をあげている。まず，組織アイデンティティは組織のメンバーによる主張や組織に関して語られる物語などを対象とする。そのため，実証研究を行う際のデータは主に，調査対象となる組織に関して精通しているインフォーマントを通じて収集される。その他，文書資料なども用いられることが多い。集められたデータは，何かを測定するというよりも記述的に用いられる。

つまり，組織アイデンティティ研究では，多くの場合，どのような組織アイデンティティを有しているのかということを問題としてきた。そのため，組織ごとに特色のある組織アイデンティティの内容を知ることを目的として，定性的な研究が多く行われてきた[9]。

---

[8]　本節の組織アイデンティティ研究の方法上の特徴に関する議論は，Sato（2014b）に基づく。

[9]　定量研究は定性研究と比較してあまり多くはない。Ravasi and Canato（2013）では，定量的な研究手法を用いているものが五つあげられている。ただし，それらの研究では，アイデンティティの中身について定量的に調査されているとは限らない。Bartel（2001）では，事前に，"What adjectives would you use to describe ......?" and "What are some key values at ......?" のような質問を含む準構造化インタビューによって23項目を組織アイデンティティの要素として特定している。その上で，それらが自分たちの組織を表している程度について7点尺度で回答させている。Dukerich, Golden, and Shortell（2002）についても同様のことがいえる。この研究では，あらかじめフォーカス・グループによって組織アイデンティティを表すような特徴が37特定されている。また，Foreman and

第3章　分析対象と方法

このことは，組織アイデンティティ研究における方法論に焦点を当てて検討している Ravasi and Canato (2013) においても確認できる[10]。彼らは1985 年から 2011 年までのトップジャーナル[11]に掲載された組織アイデンティティ論における実証研究の調査方法について検討している。

彼らが取り上げた 33 の研究のうち，定量的な分析を行っているものが 5，定性的な分析を行っているのが 27 で，併用しているものが 1 である。

Whetten (2002) では，複数の組織アイデンティティがコンフリクトを引き起こすときの現象に焦点を当てている。そのため，規範的と功利的という二つのアイデンティティについて，フォーカス・グループによるディスカッションからそれぞれのアイデンティティを表すような項目を五つずつ選んでいる。Voss, Cable, and Voss (2006) では，事前に行った同じ非営利専門劇場を対象とした研究で導き出された芸術志向，社会志向，市場志向，業績志向，財政志向の五つの次元を用いている。Martins (2005) はアメリカのビジネス・スクールを対象とした研究だが，個別の組織アイデンティティの内容については触れられていない。そこでは，組織アイデンティティの強さと組織アイデンティティの外部適応が扱われている。

10)　同様の問題意識を持った研究には，Oliver and Roos (2007) および van Rekom and van Riel (2000) がある。Oliver and Roos (2007) が取り上げた 22 の実証研究のうち，大量サンプルのサーベイなど定量的な方法のみを用いているものが 3 件，定性的な方法と定量的な方法を組み合わせているものが 2 件であり，その他はインタビューや文書資料，参与観察に基づくデータなどを用いて定性的に分析したものであった。van Rekom and van Riel (2000) では 13 件の研究を取り上げているが，そのうちサーベイ・タイプの研究を行っているとされているのが 2 件，オープン・エンドの質問に基づくとされているのが 8 件，併用しているとされているのが 3 件であった。

11)　Ravasi and Canato (2013) では，トップジャーナルとして，*Academy of Management Journal, Administrative Science Quarterly, British Journal of Management, Human Relations, Journal of Management, Journal of Management Studies, Journal of Organizational Behavior, Organizational Science, Organizational Studies, Strategic Management Journal, Strategic Organization* をあげている。ただし，実際に論文中で取り上げられる研究には，*Journal of Management, Journal of Organizational Behavior, Strategic Management Journal* に掲載されたものは含まれていない。

3-3 研究アプローチの妥当性

表 3-4　組織アイデンティティ論における実証研究

ジャーナル名	Ravasi and Canato (2013) が取り上げた論文数	2012～17年の論文数	合計
Academy of Management Journal	3	4	7
Administrative Science Quarterly	8 (2)	2 (1)	10 (3)
British Journal of Management	4	1	5
Human Relations	2	3	5
Journal of Management Studies	4	4 (1)	8 (1)
Organizational Science	8 (3)	6 (2)	14 (5)
Organizational Studies	3	5	8
Strategic Organization	1	2	3

(注)　括弧内は定量研究の数。

　同じジャーナルを対象に，Ravasi and Canato (2013) が取り上げた以降の文献を見ても傾向は変わらなかった。経営学全体において定量的な実証研究の占める割合を考えると，組織アイデンティティ研究における定性研究の割合の高さは際立っている[12]といえる（表3-4）。

　代表的な研究を見ていくと，まず，最初期の実証研究である Dutton and Dukerich (1991) が定性的な研究方法を用いたものである。そこでは，従業員25名に対するオープン・エンドのインタビュー，ホームレス問題に関する組織内のレポート・メモ・スピーチなどの資料，地域で発行されている新聞・雑誌の記事，ホームレス問題対策の責任者との対話，ホームレス問題対策チームに支援されたトレーニング担当者の記録，という五つの情報源に基づくデータが用いられている。これらのデータに基づいて，Dutton らは組織アイデンティティ，組織イメージ，そして組織行動の間の関係を定性的に

---

[12]　このような状況を問題視する研究もある。Elstak (2008) では，定量的な研究が十分に行われてこなかったことを問題として指摘し，組織アイデンティティ論が研究領域として成熟しつつある中で理論的な発展に見合った測定方法の開発が求められるとしている。

第3章 分析対象と方法

描き出している。

これ以降でも，多くの実証研究が定性的アプローチを用いて行われている。Elsbach and Kramer（1996）ではビジネス・スクールを対象として，Golden-Biddle and Rao（1997）では非営利組織を対象として，定性的なアプローチで研究が行われている。

より近年でも Ravasi and Schultz（2006），Nag, Corley, and Gioia（2007），Clark, Gioia, Ketchen, and Thomas（2010），Kreiner, Hollensbe, Sheep, Smith, and Kataria（2015），Cannon and Kreutzer（2018）といった研究において定性的なアプローチが用いられている。これらの研究では準構造化インタビュー，参与型あるいは非参与型の観察，各種の文書資料などがデータソースとして用いられ，そこから得られたデータは Glaser and Strauss（1967）や Eisenhardt（1989）などの方法論に基づいて定性的に分析されている。

次に，制度環境と組織に関する研究について確認する。組織アイデンティティの研究と比較すると，この分野では定量研究の数も少なくない。ただし，目的によって使い分けがなされている。制度環境への適応により対外的な正当性が獲得できているか否か，そしてそのことが組織にどのような影響を及ぼすのかについて考える際には，定量的なアプローチも用いられている。一方，組織のメンバーの認識も含め，組織が対外的な正当性を獲得していこうとするプロセスに焦点が当てられる場合，定性的なアプローチが多く用いられる傾向がある。

例えば，Singh, Tucker, and House（1986），Ruef and Scott（1998）では，外部の主体から認定されているか，あるいは登録されているかといった基準で正当性を測定している。これらの研究では，対外的な正当性が獲得できているか否かが一つの変数として扱われ，定量的に分析が行われている。

Bansal and Clelland（2004）では，*Wall Street Journal* の記事がデータソースとなっている。新聞・雑誌記事のような文書資料は，定性的な研究でも多く用いられるものだが，この研究では記事の内容をコード化し，中立的な内容，ネガティブな内容，ポジティブな内容に分類している。その上でそれ

68

ぞれに数値を与えることで変数化し，定量的な分析を行っている。

定性的なアプローチを用いているものとしては，Elsbach and Sutton (1992) がある。この研究では，準構造化インタビュー，新聞や雑誌などの文書資料，ミーティングの観察などをデータソースとし，Glaser and Strauss (1967) や Eisenhardt (1989) などに基づいて組織がいかに外部からの正当性を獲得するのかについて定性的に分析されている。この他，Elsbach (1994) や Greenwood and Suddaby (2006)，Kislov, Hyde, and McDonald (2017) でも同様に，インタビューや文書資料に基づくデータが定性的に分析されている。

Human and Provan (2000) では，定性的なアプローチと定量的なアプローチの両方が用いられている。ただしこの研究では，理論構築を目的とした定性的なアプローチが中心であり，定量的なアプローチはそれを補完するものとして用いられている。Suddaby and Greenwood (2005) では，内容分析によって文書資料を数値化して扱うとともに，意味をより深く理解するために定性的な分析も行っている。Vergne (2012) でも，軍事産業を対象に定性，定量の両方のアプローチを用いている。

以上見てきたように，これまでの研究では定性的なアプローチが比較的多く用いられている。定性的な研究は，実証研究の主流とはいえないが，重要な研究手法の一つである。このことは，Bartunek, Rynes, and Ireland (2006) による *Academy of Management Journal* の Editorial Board を対象としたサーベイで，「面白い論文」として最も多く言及されたのがケース・スタディ[13]を行った Dutton and Dukerich (1991)[14]であったことからもわかる。

また，井上 (2014) によれば，*Academy of Management Journal* に掲載さ

---

13) 厳密には，ケース・スタディは定性的な分析だけが含まれるわけではない (Eisenhardt, 1989；Yin, 1984)。しかし，多くの場合，定性的なアプローチの代表としてケース・スタディが取り上げられている。

14) Dutton and Dukerich (1991) の貢献と問題点に関しては，佐藤 (2009a) および Sato (2014a) も参照。

第3章　分析対象と方法

れた論文から選ばれる最優秀論文賞を見ると，2000 年代から 2013 年までで約 50% がケース・スタディであり，*Administrative Science Quatterly* における 2000 年以降の最優秀論文賞の約 70% がケース・スタディであるとしている。

　ケース・スタディは，個別の状況におけるダイナミクスを理解するために有効なアプローチだと考えられている (Eisenhardt, 1989)[15]。本書では，個別の具体的な局面における組織による認識と外部の主体からの評価，その間の相互作用を考えている。そのため，定性的なケース・スタディを行うことは，この研究分野での方法論上の新規性はないが，妥当なアプローチだと考えられる。

---

15) ケース・スタディの有効性については佐藤（2009b），Sato（2016）も参照。また，ケース・スタディの有効性を主張する研究の中にも複数のアプローチが存在し，それぞれが異なる特徴を持っている。この点に関しては横澤・辺・向井（2013）を参照。

第4章

コンフリクトを引き起こす
制度環境への適応

第4章　コンフリクトを引き起こす制度環境への適応

　本書全体の中心となる問題は，明確な組織アイデンティティを持たない組織の制度環境の変化に対する対応だが，本章ではそれを考える前提として大きな変化が生じていない局面を取り上げる。

　制度環境は社会的に形成されたルールや規範を要素として構成されているが，これらの複数の要素が時にコンフリクトを引き起こす。本章では，組織メンバーが制度環境を形作る要素を意思決定の基礎として利用するプロセスを検討する。具体的には，損害保険会社の損害サービス部門における，コンフリクトを引き起こす二つの制度環境の要素への対応を分析する。

　本章での議論を，第1章で提示したフレームワークの図と対応させると，図4-1のようになる。

　ここで見られるのは，制度環境がコンフリクトを引き起こす構成要素を含む場合に（①），それぞれに適合的であるような行動が強化され（②），組織内の個人のスキルの形成によって制度環境に適合的な行動が組み立てられるという状況である（③）。

　それぞれの組織がどのように行動するのがふさわしいとみなされるのか，どのような行為が対外的正当性を獲得できるのかは，業界によっても異なる。つまり，それぞれの業界によって制度環境を構成する固有の論理や価値観が存在する。組織が，業界でふさわしいとみなされる論理に従っているのかは外部の主体によって判断される。そのため組織にとっての問題は，どのようにしてその論理に従っていると外部の主体からみなされるように振る舞うかである。

　外部の主体による組織への評価はさまざまな形で行われるが，外部の主体と接する組織メンバーは直接の評価の対象となるため，果たす役割は大きい。その組織メンバーの振る舞いが，組織が制度環境に適合しているのかの判断基準となる。

　さらに，制度環境を構成する要素は一つとは限らず，時にコンフリクトを

　＊　本章は，佐藤（2011a, 2011b）をもとに加筆・修正したものである。

図 4-1 個人のスキルによる対応

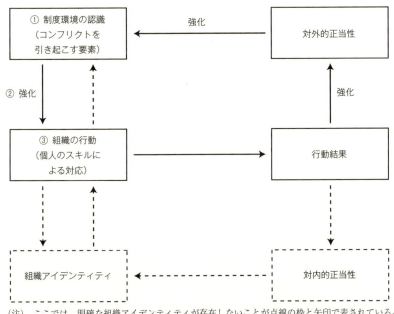

(注) ここでは，明確な組織アイデンティティが存在しないことが点線の枠と矢印で表されている。

引き起こすこともありうる。しかし，組織が正当性を獲得するためには，その状況にも対応しなければならない。その場合には，組織メンバーには複数の役割が期待されることになる。

もちろん組織内では，制度環境の要素がコンフリクトを引き起こす状況も含め，組織メンバーがどのような状況でどのような行動をとるべきかについてはルールを整備しようと試みられている。しかし実際には，個別の組織メンバーの対応に関して，一定の行動の基準は存在するものの，事前に完全に合理的なルールを設定し，ルーチン化することは困難である。そのため，組織メンバーが制度環境に対応して行為を組み立て，その振る舞いが適切であったかは事後的に判断されることになる。

よって，組織メンバーが自らの行為をいかに組み立てるかは，それぞれの組織メンバーにとってだけでなく，組織の行動が制度環境に適合していると

第4章 コンフリクトを引き起こす制度環境への適応

みなされるかに大きく影響するという意味でも重要となる。

しかし，二つの要素がコンフリクトを引き起こすような状況下においてそれに対応して行動することは，組織メンバーにとってはストレスの源泉となる可能性がある。過度のストレスに陥った組織メンバーは業務を適切に遂行することが困難になり，場合によっては離職にもつながる。そのため，組織メンバーがいかに自らの感情をマネジメントし，ストレスを回避するスキルを形成するのかは組織にとって重要な課題となる。

本章では，損害保険会社の損害サービス部門という，顧客に接する上で二つの制度環境の要素に従うことが期待される現場を調査対象とする。その上で，それら二つの要素を組織メンバーがどのように選択的に利用し対応しているのか，さらにそれを通じていかに組織メンバーが感情をマネジメントし，ストレスを回避しているのかを説明する。

本章の構成は以下の通りである。第1節では本章で扱う問題を明らかにする。第2節では，損害サービス部門が直面する制度環境の要素と組織メンバーの対応について説明する。第3節では組織メンバーが過度のストレスに陥ることのないように感情をマネジメントするスキルを身につけるプロセスについて見ていく。第4節で事例の意味について考察し，第5節で本章の議論をまとめる。

4-1 複数の制度環境の要素と組織メンバー

社会の中に存在する組織は，コンプライアンスの問題のように，明確な法律や規則で定められた基準に従うことはもちろん，企業がどのように行動するのが適切か，どのような商品やサービスを提供するのが適切かといった社会的に形成された規範に従うことも求められる。

どのような行動をとるのがふさわしく，どのような行動が望ましくないのかは，業界によっても異なる。つまり，それぞれに固有の論理が存在し，異なる制度環境を持つことになる。

74

4-1 複数の制度環境の要素と組織メンバー

例えば，資本主義制度や国家制度，家族制度など，それぞれの制度領域は固有の論理を持つとされる（Frieland and Alford, 1991）。制度領域は，社会制度だけでなく，特定の業界を中心とする組織フィールドまで含み，制度固有の論理は，どのような問題に注目すべきか，どのような対応をとるべきかといった考え方を規定するように作用する（Thornton, 2002）。

さらに，この制度固有の論理は一つの組織フィールドにおいて複数存在し，競合することがありうる（Besharov and Smith, 2014；Scott, 2008）。このような場合には，コンフリクトを引き起こす複数の論理が存在することになる（Greve and Zhang, 2017；Lounsbury, 2007；Marquis and Lounsbury, 2007）。

複数の論理が存在するときに組織がどのように対応するのかについて，D'Aunno, Sutton, and Price（1991）は，二つの異なる考え方に基づく要求が存在するときには，外部からの評価がしやすい面に関して両方の考え方を組み合わせて対応することで，正当性を維持できるとしている。

Reay and Hinings（2009）は，専門家としての論理とビジネスとしての論理がコンフリクトを引き起こす場合に，それぞれの論理を代表する組織メンバーが協働することで，両方の論理に対応していることを明らかにしている。

Lounsbury（2007）や Marquis and Lounsbury（2007）は，一つの産業において複数の論理が存在している状況を扱っている。これらの研究で焦点を当てられているのは，異なる論理に基づく組織が産業内でどのように行動するかである。コンフリクトを引き起こす複数の論理に一つの組織が対応する状況ではなく，産業レベルでの変化に議論の中心がある。

一方，D'Aunno, Sutton, and Price（1991）や Reay and Hinings（2009）では一つの組織がコンフリクトを引き起こす複数の論理に直面したとき，いかに対応するかを議論している。そこで示されている対応とは，組織内の複数の部門がそれぞれ異なる論理に対応し，必要に応じて協働することで組織として複数の論理に対応できるというものである。

これに対して，本章で見る事例は，一つの部門が複数の制度環境の要素に直面しているというものである。この場合には，所属する個人が複数の制度

75

第 4 章　コンフリクトを引き起こす制度環境への適応

環境の要素に対処することを求められる。例えば田尾・久保（1996）では，ヒューマン・サービス組織においては，患者や児童などのクライアントに対し，人間的・献身的に接するという「優しさ」と，仕事を成功させるための冷静で客観的な態度である「厳しさ」という二つのメンタリティを両立させる必要があるとしている。これは，二つの要素に個人が対応しなければならない状況であると考えられる。

　複数の制度環境の要素が存在するような状況では，組織メンバーは役割葛藤に陥ることが多い。役割葛藤とは，複数の役割が期待されるときに，それらを同時に達成するのが困難な状態である（Biddle, 1986；Rizzo, House, and Lirtzman, 1970）。役割葛藤はストレスの源泉となり，それが離職などにつながる可能性もある。

　しかし，コンフリクトを引き起こす要素に対応する組織メンバーが，常に役割葛藤による過度のストレスに陥ってしまうと，組織としても対外的に適切な存在であることをアピールすることができなくなってしまう。

　組織が制度環境に適合しているとみなされるか否かは，外部の主体と接する組織メンバーの振る舞いに大きく依存する。組織は制度環境に適合することで対外的な正当性を獲得しようとする。そのために組織は，組織メンバーに対し，制度環境の要素に従って振る舞うように求める。組織メンバーが，適切な振る舞いであるとみなされるように行為を組み立てることができれば，組織の対外的な正当性獲得において大きな役割を果たす。それゆえ，組織メンバーが役割葛藤の存在するような状況に対して対応できるかが組織にとっても重要となる。

　次節以降ではこの視点から，いかに組織メンバーがコンフリクトを引き起こす制度環境の要素に対応し，行為を組み立てることができるのか，それがどのようにして過度のストレスを回避することにつながるのか，そのメカニズムについて明らかにする。それにより，制度環境に大きな変化がない局面で，組織アイデンティティが明確でない組織が，メンバーのスキルにより制度環境に適合的な行動を選択していることを指摘する。

76

4-2 X社における組織メンバーの行動

4-2-1 社会が損害保険会社に求める役割と組織メンバーの行動

　損害保険会社の社会的な役割は，適切な損害保険商品の提供を通じて，契約者のリスクを取り除くことだと考えられている。しかし，この役割を果たすための実際の業務にはさまざまな側面がある。

　損害保険業では，いくつかの業務において顧客と直接接することになる。特に損害サービス部門では，事故の当事者である契約者や被害者と接することになるため，相手の立場に立った高度な対応が求められる。

　損害保険会社を会員として設立されている日本損害保険協会は，「そんぽADRセンター統計号」を四半期ごとに発行している[1]。そこでは，どのような苦情や相談が寄せられているのかが集計されている。そのデータによれば，「提示内容」に関するもの，「手続き遅延等」に関するもの，「接客態度」に関するもの，「支払可否」に関するものなどが苦情の原因としてあげられている。これは，損害保険会社には顧客の立場に立った適切な対応が求められており，その要請に応えられないと苦情につながることを示している。

　一方で，損害保険会社には，適正な査定も求められている。損害保険会社の監督官庁である金融庁の監督指針では，本人確認，疑わしい取引の届出や，反社会的勢力による被害の防止などがあげられており，保険金詐取などを含む不正な要求に対する管理体制の整備が求められている（金融庁「保険会社向けの総合的な監督指針　平成21年12月」）。これは，社会的な公平性の観点から，適正な査定を行うことで不正請求などに対しては支払いを行わないことが期待されていると考えられる。

　損害保険会社にこのような役割が期待されていることは，組織の中でも強く認識されていた。そのため，顧客の立場に立つこと（「共感」）と適正な査

---

1) 2010年度第2四半期以前は「損保協会　お客様の声レポート」に同様の内容がある。

第 4 章　コンフリクトを引き起こす制度環境への適応

定を行うこと（「公正」）は，組織メンバーが日々の業務を行う上で対応すべき制度環境の要素として重視されていた。

　例えばこの二つが損害サービス業務を行う上で重視されていることは，調査を行った新人研修[2]の指導の中にも見られた。

　まず，研修の開始時に講師から X 社の顧客対応の基本方針が説明された。そこでは，顧客の安心という言葉が使われ，そのためにどのような対応をするべきかが説明されていた。また，望ましいサービスのあり方として，「お客様はきっとお困りに違いない。早く連絡して不安を取り除こう」「お客様の気持ちを汲み取りながら，喜んでもらえるように誠心誠意対応しよう」「こちらから積極的にお客様に経過を報告して安心してもらおう」といったものがあげられていた。

　講義が進められる中でも，同じように「お客様の気持ち」を考える，といった表現が見られた。事故にあった後，顧客と最初に接触するのがサービスセンター（SC）であり，そこでの第一印象が会社自体の印象にもつながるため，事故受付時の声の印象や言葉遣いなどにも注意し，信頼関係を築けるような対応を心がけるよう求められていた。

　また，事故受付時のスタンスとして，顧客の不安や動揺を取り除くために，うまく会話をリードしていくこと，自らの感情をコントロールし，温かみのある声でゆっくりと話すこと，顧客の話をしっかりと聞き，こまめなあいづちや共感の言葉で受容感を演出することが求められていた。

　ロール・プレイングを行う際の指針としても同様に，顧客や被害者の心情を理解した対応をするということがあげられていた。

　対人担当者向けの研修では，被害者との交渉もあるため，顧客の心情を汲み取るだけでなく，いかに被害者の感情に配慮し，説明に対して理解と納得を得られるようにするか，ということが求められる。事故直後の被害者は，不安感を抱いていたり，感情的になっていたりする場合もある。そういった

　2）　研修の内容については第 3 章を参照。

4-2 X社における組織メンバーの行動

場合にも，顧客に対するのと同じように，相手の心情を汲み取り，誠意を持って対応することで安心感・信頼感を与えることが求められる。目指すのは「被害者からも感謝されるサービス」だという。このように，顧客や被害者など，対応すべき相手の心理状態を推測し，適切な対応をすることが求められている。

　一方で，同じ研修の中でもう一つ強調されていたのは，「適正」「適切」「正確」な保険金の支払いということである。研修で使用されるテキストの中にも適正，適切，正確という言葉が各所に見られた。特に，適正な保険金を支払うことが損害サービス業務の要であるとされている。

　例えば，事故受付時に求められることとして，どの保険金が支払い対象になるかなどを判断するため，正確に情報を収集し，適切に判断して保険金請求の案内をすることが求められる。また，対人損害サービス業務の目的として，第一に「適正妥当な保険金の迅速な支払い」があげられている。

　そしてこれらの「共感」と「公正」という要素は，損害保険会社としての自分たちらしさと結びつけて考えられていた。研修の中では，被保険者の賠償上の責任を代わりに全うするのが損害保険会社としての役割であり，契約者や被害者の立場に立つと同時に，適正な査定を行うことで，「損害保険会社としての社会的信頼性の向上」を目指すことが強調されていた。

　このように，彼らの自己認識の中では，競争相手との比較の視点以上に，損害保険会社としてどのように行動すべきかという点が重視されていた。

　実際，日々の業務の中でSCの組織メンバーは「共感」と「公正」ということを意識しながら活動している[3]。例えば，「共感」を意識し，相手にとって最も望ましい対応はどのようなものかを考える，あるいは，個々の契約者ごとの状況を理解しようと務めている。

　　私たちっていうのはやはり，（相手にしているのは）被害者であり，事

3）　以下，インタビュー記録からの引用では，文意を明確にするため，必要に応じて筆者が括弧内の言葉を補っている。

79

第4章　コンフリクトを引き起こす制度環境への適応

故受けられたのは間違いないので，私ができることとしては，相手の方がきちんと病院に行ってできれば早く復帰して欲しいっていう部分の中でお手伝いをさせていただくと。(SCb，対人担当 F 氏)

　　実際，皆さんやはり，契約者様でも被害者の方でも，どなたでもやはり自分の主張したい，言いたいっていうのが一番，事故の場合あると思うので，まずはそれを聞く，受け止めると。で，なるべく，その方にとって一番いい方法といいますか，そういったものを提案してあげるといいますか……。(SCb，対物担当 H 氏)

　　大事なのは，あなたの事故を私が解決しますよっていう意気込みじゃないですけども，誠心誠意っていう言葉を使いますけども，そういう気持ちであたらなければならないと思います。まあよく言うのはね，私たちはいっぱい事案を扱ってるからその中の一つだって思うかもしれないけど，相手にとってはそうではないですからね。一生に一度か二度，あるかないかですから。相手の立場に立って考える，相手の視点でものごとを見るっていうことはよく言いますけどね。その上で話を持ってくのがいいんじゃないのかなって思ったりしますよね。(SCb，所長 J 氏)

　一方，支払ってはいけないものを支払わないようにするという意味で「公正」を意識し，社会的な公平性を損なわないように行動する，あるいは不正な請求をいかに防ぐかを考えている。

　　（支払うのは）適正の範囲だけどね。超えちゃうとお客さんからこんな支払いするんだっていうのでね，社会的な問題を起こすから，その許容範囲を守ってますけど。(SCa，所長 E 氏)

　　不正請求は犯罪ですから。保険金詐取ですよね。それって他の（一般

の）契約者に対して迷惑かけるってことじゃないですか。それは防止するのは当たり前の話ですよね，我々が。それが（一般の）契約者を守るということですよね。……やっぱり不正を排除できなかったら何のためにいるのって世界ですしね，我々が。(SCb，対物チーフI氏)

以上のように，損害サービス業務に従事する組織メンバーたちは，日々の業務の中でも「共感」と「公正」の二つの要素を意識しながら行動していた。

4-2-2 コンフリクトを引き起こす制度環境の要素への対応の難しさ

二つの要素は常に意識されるものであるが，それらがコンフリクトを引き起こし，組織メンバーが困難な対応を迫られる局面も存在する。例えば，相手の気持ちや主張には共感できるが，会社として適正な査定を行おうとすればその主張に沿う対応ができないといった状況に直面することもある。

怪我して働けなくて困っている人たちがいっぱいいる中で，ある程度規定，（公平性の観点から）決まった規定に従って計算をしていくと。……歯がゆさって言うんですかね，……言ってることはすごくわかると，自分だったらこの金額もらったら困るな（とうてい足りない）っていうのも正直ありますし。でもその中でやっていかなきゃいけないっていうのは大変なところではありますよね。(SCa，対人担当B氏)

やっぱりその，実務の中で，言ってることはすごくわかるんですけど，相手の人が。言ってる気持ちはすごくわかるんですけど，実務としてはそうではないんですよという説明をするのは結構大変なところではありますね。(SCa，対人担当B氏)

あんまり被害者寄りに考えてしまうとですね，ウチの会社としての判断を迷ってしまったりするときもあるんですよね。(SCb，所長J氏)

第4章　コンフリクトを引き起こす制度環境への適応

　研修で，会社の方針としてお客様第一にっていうことを考えてそれを
標榜するってことは私はとても大切なことだと思います。……最終的な
目標としてってのは頭においておかなければいけないんですけれども，
その場のところで，あくまでこのお客様に対してその場で一番必要な対
応は何なのかっていう部分を割り切らないと，多分やっていけないのか
なと。(SCc，対人担当 N 氏)

　ある意味こう，冷静な第三者的なところからも見てやるというところ
を持ってないと，ちょっとこの仕事持たないんじゃないのかなと。変な
話，土曜にも日曜にもですよ，あの人どうなったかなとか，あの事案ど
うなったのかなとかっていうとやっぱり体・心が持たないですよね。
(SCd，対人担当 O 氏)

　このような，二つの要素がコンフリクトを引き起こす局面において，どの
ように対応することが求められているかは，組織メンバーにとっても明確で
はない。

　研修の中でも，対応の基準にあいまいさが残る説明をせざるをえない場面
があった。例えば，損害保険の場合，事故を装って保険金を請求したり，実
際に必要な金額以上の金銭を要求したりするような相手に遭遇することもあ
るため，研修では，そういった相手への対応や見分け方も学ぶ必要がある。
意図的に不正な請求を行っていることが明らかになった場合には，顧客とし
て扱うことはできなくなるので対応は明確になる。しかし，疑わしいケース
などは不正を明らかにするためにも，意識的に確認を行う必要が生じる。

　不正な請求か否かを明らかにし，不正である場合には支払いを行わないこ
とは，損害保険会社に対する社会的な要請である。しかし，それでも契約者
や被害者に対してあからさまに「疑え」ということは難しい。だが常に「信
じろ」と言い切ることもできない。研修の場では，問題のある人も「いない
とは限らない」「たまにはいることもある」という表現を用いていたが，こ

82

れは，顧客の立場に立ったサービスを行わなければならないという期待と，適切な支払いを行わなければならないという期待がコンフリクトを起こしかねない状況において，あえてあいまいな表現をせざるをえないことによるものと考えられる。

4-2-3 「共感」と「公正」の選択的利用

しかし，組織メンバーはこのような状況下で，コンフリクトを引き起こす制度環境の要素を利用しながらうまく対応していく。

具体的には，「共感」と「公正」がコンフリクトを引き起こす中で，自分の考えを一方に寄せるという対応が見られた。例えば，「公正」に考えを寄せることで，適正な対応をしているのだということを強調している。

> 理不尽な内容については，別にそんなにショックを受けることはないと思うんですよね。いうべきことを言えばいいんだけれどね。(SCa，対物チーフC氏)

> 今では，(相手に厳しいことを) 言われるのは自分が悪いとかそういう問題ではなくて，やっぱり向こうの当然被害者とかは要望があるので，それを呑んでもらえなければ相手がどうあれ多分同じことだと思うんで，もうそれはしょうがないんだって，こっちが会社の立場で適正な判断をして，やるべきことをやってその結果のことなんで。……多分自分のやってることが間違ったことではないっていう自信がついたので，そこの割り切りができるようにはなったのかなと思うんですけど。(SCc，対物担当K氏)

> 仕事としてあくまで (交渉ごとの) 代行としてやってますので，超える範囲でっていうのは当然できませんから，仕事としてあくまで割り切るしかない。そこはもうこちらとしてはやっぱり経験積んでいって必要

第4章 コンフリクトを引き起こす制度環境への適応

なことをきちんと全部（するのみです）。(SCc，対人担当N氏)

一方で，「共感」に考えを寄せて対応することもある。適正な査定・支払いを行うために必要な情報を収集する行為でも，相手の状況を考えて対応をする。例えば，多少手間が増えるようなことがあっても相手の意見に耳を傾け，コミュニケーションをとるようにしている。

　　基本があってもそれを押し付ける，お客様に押し付けるのではなくて，お客様のご主張とかを，根拠とかそういうはっきりしたものがなくても，そこの部分を大切にしなければいけないなと思いました。(SCc，対物担当L氏)

　　聞き出したいことは山ほどあるんですけども，まずは向こうが何に対して不満を持ってたりとか，感情的になられてるのか，もしくは感情的になられてる部分が収まらないようであればちょっと日を改めたりとか。やっぱりこっちが電話してても，相手にとっては不快な時期だったりとか特に怪我がある事案だったりとかするとやっぱり吐き気がしたりとか頭痛がしたりとか肩こりしたり，そういう時期に，交通事故じゃなくてもいろいろとべらべら話されても不快じゃないですか。だったらそういうところではやっぱり来週，週明けまたお電話しますねと……。(SCd，対人担当O氏)

　　（証拠を提示できたとしても）説明したよっていう一方通行だったらそれで終わっちゃうんですよね。だからやっぱりどこまで，納得とはいかないまでにしても理解を得られるようにするかっていう工夫が私なんかはいつも必要じゃないかなって思ってるんで，それがお客様の立場に立ったりとか，役立つっていうようなところの第一歩じゃないかなというふうには考えてます。(SCd，対人担当O氏)

4-2 X社における組織メンバーの行動

　以上のように，組織メンバーたちは場合に応じて制度環境の要素の一方に
依拠し，それを強調して行動することがある。
　しかし，常に自分に都合のよい側面だけに依拠して行動していたのでは，
組織として対外的な正当性を獲得することにつながらない。組織メンバーに
は，それらを使い分けることで，相手に対してバランスのとれた対応をする
ことが求められる。そのため，組織メンバーは状況に応じて適切に依拠すべ
き側面を選択し，利用していくようになる。

　　一応自分で心がけているのは，被害者の人と接するときには，加害者
　側の保険会社としていくんですけど，なるべくその被害者の話を聞こう
　という姿勢では行ってるんですね。で，なるべくその親身に話を聞いて，
　……そうですね，そうですねと，まあお気持ちはすごくよくわかります
　と。ただ，これは申し上げなければいけないんですがということで，釘
　をさすっていうわけではないですけど，一応そういう基本の話はしてき
　ますね。で，前も言った通り，どうしてもこれはダメなんですと，すい
　ませんと，いうことで話をすることが多いですね。(SCa, 対人担当B氏)

　　バランスをとることができるようになったら一人前だと思いますけど
　ね。やっぱり一方的にね，ウチのスタンスばっかり言っちゃってね，被
　害者のことぜんぜん被害者と思ってないとか，この会社なんだよってお
　客様第一とか言ってるのにぜんぜん違うじゃないかとか，……やっぱり
　そういうとられ方しないように，聞くべきところはちゃんと聞いてあげ
　て。聞くのとそれを了解するのとはまた別問題ですからね。お気持ちは
　わかりますと，でもダメなんですと言わなきゃなんないときがね，当然
　ありますよね。(SCb, 所長J氏)

　　(会社の方針を) 最終的な目標としてってのは頭においておかなければ
　いけないんですけれども，その場のところで，あくまでこのお客様に対

85

第4章　コンフリクトを引き起こす制度環境への適応

してその場で一番必要な対応は何なのかっていう部分を割り切らないと，多分やっていけないのかなと。(SCc，対人担当N氏)

　要するに例えば，怪我してるのはお子さんですと，で残念ながら骨折しちゃってる，ところが来年受験ですと。ナーバスになるお気持ちもわかりますし，どうしてくれるんだというお気持ちもわかりますと。で，それに関してお叱りを受ける分にはこちらとしてもわかりますから，それは正直何とでもお聞きできるんですね。そういう方は逆に言えばそれがわかっててもこちらができるのは金銭賠償の部分ですからここまでですっていう話をして，回答を得ることはできますので。(SCc，対人担当N氏)

　このように，それぞれの状況に応じて，組織メンバーは自らが適切であると考える判断に基づいて個別に対応を行っている。

4-3　感情をマネジメントするスキルの形成

　前節で見たように，組織メンバーは制度環境の要素を選択的に使い分け，それにより感情をマネジメントして過度のストレスに陥ることを避けながら対応している。では，このスキルはどのようにして形成されるのだろうか。次にこの感情をマネジメントするスキルの形成について見ていくことにしよう。

　新たに組織に参入した組織メンバーは，その組織における役割を受け入れ，必要な社会的知識やスキルを獲得しなければならない。このプロセスは組織社会化と呼ばれる (Van Maanen and Schein, 1979)。新規に組織に参入する組織メンバーは，期待と現実のギャップから生じるショックを感じる (佐々木, 1993；Schein, 1978)。実際に必要とされるスキルと，想定していたスキルが異なることもある。そのため，新規に参入した組織メンバーは実際の業務の中

で，求められるスキルを認識し，それを身につけていかなければならない。

本章で取り上げるような，直接顧客と接するサービス業では，業務を行う上で，適切な感情の管理を行うことが求められる（Ashforth and Humphrey, 1993；Hochschild, 1983）。これは時に精神的な負荷につながり，このような業務に従事している組織メンバーはバーンアウトの状態に陥る可能性が指摘されている（久保, 2007；Rafaeli and Sutton, 1987）。そのため，組織メンバーは組織に適応する中で，適切な感情のマネジメントを行うと同時に，ストレス・マネジメントも適切に行うスキルを身につけることが求められる。

ストレスの発生に影響を与える要因については，これまで，さまざまなものが指摘されてきた。例えば，久保（2007）や Jex, Bliese, Buzzell, and Primeau（2001）ではストレスの原因として，職務の過重負担や役割のあいまいさを取り上げている。山本・小西（2002）では，職場の健康度の要素として業務負荷，職場環境，職務共感をあげ，それらが相互に影響し合っているとしている。

これらの要因はサービス業においてもストレスに影響を及ぼすが，特に顧客と接する業務において問題となるストレス要因に着目した研究として，Dormann and Zapf（2004）がある。この研究では，顧客との関係におけるストレス要因として，①顧客による過度の期待，②顧客による言葉の攻撃，③嫌いな顧客への対応，④顧客によるあいまいな期待，という四つの要因をあげている。

発生するストレスに対処する方策は，コーピングと呼ばれる（田尾・久保, 1996）。コーピングにはさまざまな方策が含まれる。

Billings and Moos（1984）は，コーピングを評価中心，問題中心，感情中心の三つに分け，それぞれに含まれる行動として，代替案を検討する，問題について友人と話し合う，ポジティブな面に目を向けるといったものをあげている。Leiter（1991）は，コーピングを統制型と回避型に分類し，前者に含まれる行動として監督者と話し合う，後者に含まれる行動として他の人に仕事を任せるといったものをあげている。

第4章 コンフリクトを引き起こす制度環境への適応

　顧客と接する業務においても，これらのコーピングは有効であると考えられるが，それら一般的なコーピングに加えて，顧客との関係において生じるストレスに対処するためのスキルが特に重要となる。

　スキルを形成するためには適切な経験を積むことが重要である。顧客との接点があるものに限っても，例えば小池（1991）は，営業分野の人材開発を取り上げて幅広い専門性がスキル形成において重要であるとしている。山本（2003）は，銀行業におけるスキルの形成を調査し，特に法人向け顧客サービス業務において現場での経験の重要性を指摘している。松本（2003）では，生協の共同購入の事例を取り上げている。そこでは，基本的な配達のスキルに加えて，組合員との対応に関するスキルも必要であり，そういったスキルは実践の中で身につくとしている。

　職場での経験からの学習を直接に扱っている研究としては，Davies and Easterby-Smith（1984），McCauley, Ruderman, Ohlott, and Morrow（1994），松尾（2006）がある。

　Davies and Easterby-Smith（1984）は，マネジャーを対象とした調査から，一つの機能部門の担当であった人がゼネラル・マネジャーになるなど，それまでの自分の行動のレパートリーでは対応できないような，新規性の高い状況を経験したときに成長することを明らかにした。McCauley et al.（1994）も，不慣れな役割を与えられるなど，新たな職務の経験を積んだときに学習が進むことを主張している。

　一方，松尾（2006）は，職務の違いによる経験学習のパターンの違いを指摘している。IT 技術者を対象とした調査から，プロジェクト・マネジャーは徐々に新規性の高い職務を担当することで学習が進むのに対し，コンサルタントはキャリアの中期に新規性の高い職務を担当することで非段階的に学習が進むことを明らかにした。

　本章で扱う損害サービス部門の主な業務とは，契約者に生じた事故に対し，保険金の支払いに関する審査をすることである。具体的には，事故状況の調査，契約者および事故被害者との折衝などを行う。事故を発生させた契約者

88

は動揺していることが多く，被害者は怒りを感じているなど感情的になっていることも多い。そういった相手に対し，電話ないし対面での会話によって折衝を行うのが業務である。

X社では，実際の業務に入る前に，新人研修が行われ，そこではまず，損害保険に関する基本的な知識を学習することになる。

第3章で述べたように，研修の中では講義を聞くのとともにロール・プレイングも行われた。ロール・プレイングでは，当初は会話の進め方に戸惑いも見られたが，事故状況の設定を変えながら毎日ロール・プレイングを行っているうちに，基本的な会話の流れについてはどの受講生も慣れていき，次第に途中で詰まることなく進められるようになった。

その研修では，損害サービス部門で働く際の心構えについても説明されていた。契約者に，「X社で保険をかけておいてよかった」と思ってもらえるようなサービスを提供するよう心がけること，相手の立場に立ち，事故当事者の不安や動揺を取り除くような対応をすることなどがあげられていた。

このような研修を受けた後，それぞれが各地のSCで実際の業務に携わることになる。しかし，研修を受けたとはいえ，業務を始めてすぐの時点では業務に関する知識も不足しており，間違いのない対応をすることに意識を集中させることが必要なため，契約者や被害者の立場を意識して対応することは容易ではない。そのため，相手の立場に立ちながら，適正な査定を行うことは難しい。

　　（契約者や被害者を意識した対応は）最初からは難しいですね。やっぱり，経験していかないと難しいですね。（SCa，対物チーフC氏）

　　（適切な対応を）やろうと頭では思っていても，電話をかける前はそう思っていても，実際（業務に）入って電話をかけてしまうと，どんどんわからないことも聞かれるし，どんどんやっぱり焦ってくるので，……思うようにいかないことはたくさんありましたね。（SCc，対物担当K氏）

89

第4章　コンフリクトを引き起こす制度環境への適応

　　（最初は余裕が）ない上に，すべてわからないんですよね，言葉がまず
　あんまりわからない，約款も読みにくいしわからない。一個一個全部聞
　かないといけないんですよ。……（なんとか仕事をこなすことで）精一杯
　ですね。（SCc，対物担当 M 氏）

　　基本通りなところでやってというところもありますし（まずはマニュ
　アル通りの対応しかできない），……やっぱり一方的に話をしようとするん
　ですよね。これだけ（は話を）聞かなきゃいけないと（焦ってしまう）。
　（SCd，対人担当 O 氏）

　さらに，業務を進める上で，自分の進め方に自信がないためにストレスを
感じてしまうこともある。自分の業務の進め方に自信が持てない段階では，
自分の能力や知識が不足しているために契約者や被害者との交渉が円滑に進
まないのではないかと考えてしまう。

　　やっぱり自信がないんで，自分がやってることが間違ってるから怒ら
　せてるんじゃないかっていうふうにどうしても受け止めてしまって，ス
　トレスがよく溜まったんですけど。（SCc，対物担当 K 氏）

　しかし，当初は対応の難しさを感じていた組織メンバーたちも，経験を積
むにつれ次第により契約者や被害者を意識した対応ができるようになってい
く。単純に規則通りの対応をするのではなく，相手の立場に立って対応のバ
リエーションを増やしていく。

　　大体一通りの起こりうることは体験して，あまり予想外の展開だった
　り，話っていうことを受けることが少なくなってくるので，そうすると
　大体まあ冷静に，対処はできるようになってきて，もうちょっと（相手
　との）関係性とか，そういう気持ちとかを考える余裕は出てきましたね。

90

（SCc，対物担当 K 氏）

　だんだんやっていく中で，（相手に理解してもらうためには説明を）いろ
いろ肉づけして少しこう実のある話をしたりとかですね，逆にあんまり
ぐちゃぐちゃ言わないで，スパッと一言でシンプルに言い換えてしまっ
たほうがよかったりとか……。（SCd，対人担当 P 氏）

　一方で，経験を積んだ組織メンバーは，単純に契約者や被害者に配慮した
対応をするだけではない。新人の頃とは異なり，知識や能力の面で業務の進
め方に自信を持てるようになるため，契約者や被害者に配慮すると同時に，
必要な場面では業務としての割り切りも行っている。

　きちっと会社である程度決められた，そのプロセスを踏んでるかとい
うところがやっぱり最終的な，問われる部分があるので，そこのロード
をきちっとやっておかなければ，やっぱりだめな担当だと私は思ってま
すので……。（SCd，対人担当 O 氏）

　また，ストレスの感じ方も，経験を積むことによって変わってくる。業務
を進める中で，契約者や被害者を意識した対応をしながらも，感情移入しす
ぎないように，業務は業務としてとらえることができるようになる。

　（感じるストレスが）だいぶ減りましたね。今では全く，帰社後ですと
か休みの日に仕事の中身を考えることっていうのはほとんどないんで，
まあ分けて，業務中は業務中で，それ以外はそれ以外でちゃんと区別は
できるように……。（SCc，対物担当 K 氏）

　経験を積むことによって少なくとも自分が理由で感じるストレスって
いうのはなくなってきますんで，多分そういう意味で経験年数積んでる

第4章　コンフリクトを引き起こす制度環境への適応

方っていうのは，自分で感じる，自分で引け目に感じるものが少なくなってくる，それから，経験積んだことによっていかに自分に非がない仕事をやってるかによって割り切りも多分できると思うんで，多分それで（ストレスを感じることの）数は減ってくるんだろうなとは。(SCc，対人担当 N 氏)

（感情移入しすぎないというのも）そうですね，ストレスを溜めない大前提だと僕は思ってますね。(SCd，対人担当 O 氏)

やっぱり駆け出しの頃のほうがダメージはあったと思いますね。だんだんやっぱりそういうものに対する自分のバランスがとれてくるというんでしょうか，以前と同じようにがっくりきたりとかっていうことはなくなってきているんじゃないでしょうかね。(SCd，対人担当 P 氏)

このような経験は，X 社では会社の人材育成方針に基づいて蓄積されていく。損害サービス部門では，対人担当者やアジャスターは損害サービス業務の専門職として雇用されている。彼らは SC を異動することはあるが，基本的に同様の業務を長期にわたって続けることになる。一方，アジャスター以外の対物担当者は，他の部門へ移動することもありうる。しかし，多くの場合，損害サービス部門を中心にキャリアを積み，スペシャリストとして養成される傾向がある。

　X 社では，今回我々が参加したような一通りの基本的な研修を受けた後，配属されてからは OJT で経験を積むことになる。多くの場合，まず基本的な案件を担当させ，徐々に難易度の高い案件を担当させるという順序で経験を積ませている[4]。

---

　4)　ただし，欠員の補充として入った場合など，即戦力として働くことを求められる場合は，先輩の補助を受けながらも最初からさまざまな案件を担当することもある。

4-3　感情をマネジメントするスキルの形成

　最初の頃は，もう先輩がやっていた，もう治療も終わって，もうすぐ
示談，残すは示談だけだというのの書類の作成を手伝っていて，書類は
こういうのだよ，こういう資料があるよというのが全部見れるので，そ
こでちょっと勉強させてもらって，じゃあそれから実際にその，まあ大
きなけがじゃないですけれど，小さなけがから担当していこうかと，そ
ういうことでやりましたね。(SCa，対人担当B氏)

　最初から担当というよりもまず事務処理からですね。担当はすぐには
持たせることはできないので。まあほんとに雑用からいろいろやっても
らう感じですね。それであとはOJTの中で少しずつ指導していきなが
ら……。(SCa，対物チーフC氏)

　簡単な事案からだんだん任せてもらえて，はじめは本当に車両単独事
故で，次に（過失割合が）100対0の交通事故だとかがきて，で，相手と
過失，保険会社が出てくる事案になり……。(SCc，対物担当L氏)

　チーフの方のほうで事案を選ぶような形にしてもらって，順番に事案
をこなしていったような。いきなり全部引き継ぐような形ではなかった
ですね。（最初に持ったのは）簡単な事案ですね。(SCc，対人担当N氏)

　（事故のタイプとしては）単独事故ですとか，割りと軽損害といいます
か，そういったものからスタートしてましたね。(SCd，対人担当Q氏)

　このように徐々に経験を積む中で，組織メンバーはさまざまな種類の案件
を担当し，業務を円滑に進めるにはどのようにしたらよいのか，その進め方
を身につけていく。

　やっぱりその，案件，案件によって，まあ全部同じじゃないんで，結

93

第4章　コンフリクトを引き起こす制度環境への適応

構違うことがいっぱいあるんですよね。（SCa，対人担当B氏）

　同じこと話したとしても，こちらの人には受け入れられるけれども，（別の人には）話し方を変えて話をしないとむしろ向こうからするとなに言ってるんだかわからないっていうことで……。（SCb，対人担当F氏）

　いろんなケースでもめた案件があるので，やっぱりいろんなケースの案件（を担当する中）でもめた案件を体験して，全部があって成長したのかなと思いますね。（SCc，対物担当K氏）

案件にはさまざまなバリエーションがあるが，3年から4年で一通りの案件をこなすことになる。そのため，3年から4年の経験の蓄積でほぼどのような案件にも対応できるようになる。

　見落としてたものとかも，それはやっぱり経験していって，気にするところが見えるようになったっていうところもありますけど。まあ1年目だとね，いろいろ何を考えていいかわからないけど，やっぱり今の年数たてばいろんなところに気づけるようになりますんで。（いろいろ気づけるようになったのは）3年目とかかな。3年目ぐらいですね。（SCa，対物担当D氏）

　（余裕が出てくるのは）正直今年に入ったぐらいからかもしれないですね。3年目が終わって，4年目になったぐらいで……。（3年目だと）イレギュラーな事故でも，ある程度こういう感じかなっていうイメージは湧くようにはなって，自分のイメージを持って……。（4年目だと）大体はほんとに経験をしてるんで，以前よりも自信を持ってこう思うっていう自分の意見は持てるようになったので……。（SCc，対物担当K氏）

94

（一通りのパターンが把握できるまでには）3年じゃないですかね。……大体早い事案で（一通りの作業が終わるのに）3カ月ぐらいかかると。……それ以外にやっぱりいろんなパターンに出会わなければこれは学べないことなんで，やっぱり1年ぐらいだと，全パターンにはちょっと出会えないんですよね。そうすると，まあ3年ですよね。(SCd，対人担当O氏)

　最初はこの仕事って手探りになってしまうと思うんですね。何か一つやって成功したり失敗したりっていうことの繰り返しですよね。で，その辺で一通りやさしい案件から難しい案件からっていうのをですね，それがまあ3年ぐらいじゃないかなあと思うんですね。普通にやっていればですね。……表現の仕方ですよね。これはやっぱり表現力の幅が広くなっていくと思うんですね，経験するうちに。当然あと知識も深くはなっていくんでしょうから，そういう意味ではやっぱり3年ぐらいで一回りをして……。(SCd，対人担当P氏)

　このように，経験から学び，成長していくプロセスにおいては，職場の同僚・上司など周囲の協力も重要となる。実際に経験すると同時に，適切なサポートがあることで学習が進む。

　先輩という先輩はほとんど全員から聞いているぐらいの感じですね。……相手にどう言ったらいいか，なんかいいテクニックないですか，そんなの聞いたりしてやってますけどね。(SCa，対人担当B氏)

　しかし，業務の負担が大きく，それぞれの組織メンバーが自らの仕事に追われているときには，サポートを得ることも難しい。また，そのような場合には，自分自身の業務における契約者や被害者の対応においても，ストレスを感じることもある。

95

第4章　コンフリクトを引き起こす制度環境への適応

　（業務量が多いときには）やはりみなさん余裕がなくなるので，変な話，
人のことまでちょっとフォローができないっていうのが現実です。
（SCb，対人担当F氏）

　（業務量が多いと）追われてばっかりで自分から働きかけができなくな
っちゃうんですよね。……自分からこう，こうしたい，ああしたいってい
いうことがなかなかできなくなっちゃいますね。（SCb，対物担当H氏）

　そのため，業務量が適切であることも重要となる。そのような場合には，
サポートも受けやすく，経験からの学習も進むと考えられる。

4-4　選択的な行為の組み立て

　ここまで，組織がコンフリクトを引き起こす制度環境の要素に直面し，そ
れに組織メンバーが対応している状況を考察してきた。
　組織が対外的な正当性を獲得するためには両方の要素に対応することが必
要であることから，組織メンバーに対して基準を明確にして優先順位を付け，
具体的にどのように対応すればよいかを組織として指示することは難しい。
どの局面においてどちらに従って行動するのかを事前に明確にすることは困
難である。そのため，組織メンバーにとっては，個別の局面においてどちら
を重視して行動するかについて判断する余地が生じる。
　組織としては，複数の制度環境の要素がコンフリクトを引き起こす局面に
おける組織メンバーの行動についてのルールを整備し，ルーチン化しようと
する試みも行うことができるかもしれない。しかし，外部の主体への個別の
対応に関して，事前に詳細で合理的なルールを策定することはコストの面か
らも容易ではない。むしろ，個別の対応に関しては，現場のメンバーが一定
の基準に基づいて，適切とみなされるような行為を即興的に組み立てる側面
が強いと考えられる（Moorman and Miner, 1998 ; Weick, 1998）。さらに，対内

96

図 4-2 コンフリクトを引き起こす制度環境の要素と個人の感情

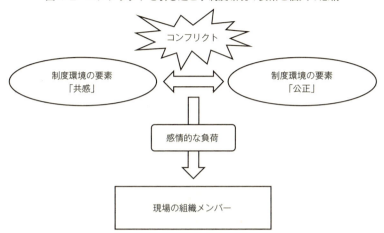

的な正当性の基準となる組織アイデンティティが明確でない場合には，特に組織メンバー個人に大きく依存することになる。

　その際には，組織メンバー個人の感情も問題となる。コンフリクトを引き起こす制度環境の要素への対応から，組織メンバーには大きな感情的な負荷がかかる（図4-2）。

　しかし，組織メンバーは常にそれに押しつぶされてしまうわけではない。事例で見たように，組織メンバーは，状況に応じて契約者や被害者に適切な対応をとりながらストレスを回避するというスキルを，経験とともに身につけていく。

　業務に入る前の研修の時点で，どのように対応するのが適切であるのかは理念としては教えられている。しかし，実際の業務が，必ずしもその通りに進められるとは限らない。

　研修では，損害保険に関する知識が教えられるだけでなく，ロール・プレイングなどを通じて，被害者との対話の仕方なども身につけるよう指導される。これは，単純に手続きのプロセスを知識として学ぶよりは実践に近いといえる。

第4章　コンフリクトを引き起こす制度環境への適応

しかし，それでも実際の業務で生じうる対応を網羅できるわけではない。特に，対応の難しい相手との対話の仕方を学ぶことは容易ではない。研修でのロール・プレイングでは，被害者役もほとんどの場合「模範的な被害者」として演じられる。つまり，担当者の質問には素直に，迅速に答えてくれるような被害者である。これは，研修に問題があるということではなく，知識を確認し，基本的なプロセスを身につけるためには当然のことと考えられる。また，被害者役も受講生が行う場合には，実務でどのような状況が起こりうるかの知識に乏しいため，与えられた状況設定から離れて，アドリブで被害者を演じることは難しい。だが，このために，求められる対応は実務の経験の中で身につけていくしかなく，実務に入ってから大きなストレスを感じることにつながる。

とりわけ業務を始めてすぐの段階では，ストレスを感じることも多い。しかし経験を積むに連れ，次第に契約者や被害者の立場を意識しながらも，十分な知識に基づき，必要に応じて業務としての割り切りをした対応を行うこともできるようになる。それに伴い，過度のストレスに陥ることも少なくなっていく。

本章で見てきた損害サービスの現場では，対人対応に基づく組織メンバーのストレスの原因には二つの種類があり，それらに徐々に対応できるようになることで過度のストレスに陥るのを防いでいると考えられる。

ストレスの原因の一つは，自分の知識不足である。知識が不足しているために，契約者や被害者に対して適切な対応ができていないのではないかと考えてしまい，ストレスを感じる。もう一つのストレスの原因は，契約者や被害者とのやりとりの中で生じるものである。事故を起こした契約者や被害者は感情的になっていることもあり，時に組織メンバーはかなり厳しいことをいわれることもあるが，その中でも契約者や被害者を重視した対応をとることが求められる。一方，相手の立場に立てばその感情も理解でき，同情的になってしまう局面でも，会社としての立場で対応しなければならないこともある。このような場合に，組織メンバーはストレスを感じることになる。

4-4　選択的な行為の組み立て

　第一のタイプのストレスに関しては，業務の知識を身につけていくことで徐々に軽減されていく。知識を身につけ，正確な対応をしているという自信を持てるようになることで，ストレスを感じることが少なくなっていく。一方，第二のタイプのストレスは，知識を身につけるだけでは回避できない。必要に応じて業務としての割り切りを行うことで，感情をマネジメントし，ストレスを回避している。ただし，この割り切りは，契約者や被害者の視点を無視して成立するものではない。相手の立場に立つこととのバランスをとった両立が，損害サービスの業務を円滑に遂行し，過度のストレスの回避につながっていた。

　本章で取り上げた事例では，3年から4年の経験によってこのスキルが形成されていた。これは，その期間の間に，多様な事故のタイプ，多様な契約者・被害者との交渉を一通り経験することができ，その経験の幅がスキルの向上につながっているためだと考えられる。

　このプロセスの中で，上司や同僚のサポートなどの職場の人間関係や，業務の負荷といった，これまでの研究にそった要因の影響も観察された。特に今回の事例からは，それらの要因が直接ストレスを軽減あるいは発生させるだけでなく，契約者や被害者との関係によるストレスへの対処スキルの向上を促進したり抑制したりする効果を持つと考えられる。

　組織メンバーが過度のストレスを回避するように行為を組み立てる中で見られるのは，単純な合理的判断の押し付けや妥協ではない。そのような行為をとった場合には，それは社会に適切な行為とはみなされず，組織の対外的な正当性に問題を生じさせる。

　現場の組織メンバーは，コンフリクトを引き起こす制度環境の要素を選択的に使い分けて行為を組み立てる。それにより，組織が制度環境に適合的であることを外部の主体に対して主張する窓口にもなっているのである（図4-3）。

99

第4章 コンフリクトを引き起こす制度環境への適応

図4-3 コンフリクトを引き起こす制度環境の要素に対する選択的対応

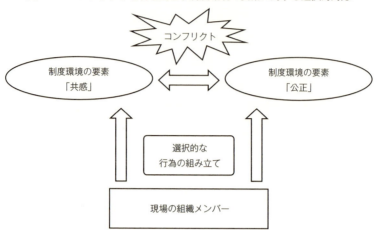

4-5 組織メンバー・レベルでの対応が可能な局面

　本章では，制度環境の大きな変化が生じていない場面での明確な組織アイデンティティを持たない組織の対応を検討してきた。
　そこで明らかになったのは，組織メンバーは，コンフリクトを引き起こす制度環境の要素を選択的に使い分けることで行為を組み立てていること，また，それにより自らが過度のストレスに陥ることを避けながら，同時に組織が社会にとって適切な存在であることを外部の主体に対して示す役割も果たしているということである[5]。
　このように，制度環境に大きな変化が生じていない局面では，明確な組織

---

[5] 本章では，一つの業務に焦点を絞って検討してきた。しかし，明らかにしてきたメカニズムは，必ずしも今回検討した事例にのみ当てはまるものではないと考えられる。それぞれの組織がどのような環境に直面しているのかは異なったとしても，それらがコンフリクトを引き起こし，個人が対応しなければならない状況では類似のメカニズムが見られる可能性がある。

アイデンティティが存在しなくとも組織メンバーがスキルを発達させること
での対応が可能となっていた。しかし，制度環境が変化している局面では，
組織メンバー・レベルでの対応が，必ずしも組織の行動の安定につながると
は限らない。次章以降では，制度環境の変化が生じた局面を取り上げる。第
5章では，制度環境の変化に能動的に関与することで成功した事例を取り上
げる。続く第6章，第7章では，制度環境の変化に対して，明確な組織アイ
デンティティを持たなかったことから問題が生じた事例とそのメカニズムに
ついて検討する。

第 **5** 章

制度環境の変化への
能動的な関与

第5章 制度環境の変化への能動的な関与

　本章では，特定の組織の立場から制度環境の変化を誘導することができ，自分たちに有利な環境を形成できたケースについて考察する。

　多くの場合，組織が対応を迫られる制度環境は，社会的に形成されたものである。そこにはもちろん，異なる利害関係を持った複数の主体が存在している。しかし組織は，個別の組織を意識するのではなく，「（一般化された）顧客」や「（一般化された）取引相手」，あるいはより広い意味での社会的に存在する主体一般を意識して行動することになる。

　だが，特殊な状況下では，制度環境の変化に受動的に対応するだけでなく，能動的に変化に関与することもできる。それにより，制度環境の変化を自組織にとって有利になるように誘導することも可能になる。このような状況下では，制度環境に適合的な行動と組織アイデンティティに適合的な行動とを両立しやすくなるため，制度環境の変化への対応が問題になることは少ないと考えられる。

　本書全体の問題意識にとっては，明確な組織アイデンティティを持たない組織が制度環境の変化に対応するという事象が中心となる。これに対して本章で取り上げる事例では，生命保険会社や信託銀行などが競争相手になる状況下で，損害保険会社というカテゴリーとしての組織アイデンティティが明確になり，他社との違いを生み出す戦略の源泉となっていた。そのため，本章での議論も第4章と同様に，第6章・第7章で扱う議論の焦点を明確にすることを目的としている。

　この目的のもと，本章では，制度の影響を強く受ける規制業界において，いかに制度環境の変化に関与しながら製品を開発することができるか，そして，その製品開発競争において企業に求められる要因は何かを明らかにする。

　本章での議論を，第1章で提示したフレームワークの図と対応させると，図5-1のようになる。

　まず，組織アイデンティティに適合的な行動が選択され，強化される

　＊　本章は，佐藤（2010a）をもとに加筆・修正したものである。

104

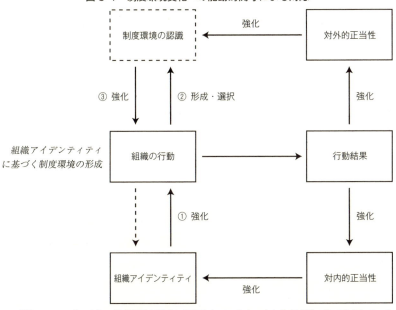

図 5-1　制度環境変化への能動的関与による対応

（注）　ここでは，当初，制度環境が明確に認識されていなかったことが点線の枠で表されている。

(①)。そしてそのことが新たな制度環境の認識の形成につながり (②)，その制度環境に適合的な行動が組織に選択され強化される (③)。これは図 2-3 ですでに見たような，組織アイデンティティを出発点として制度環境と適合的な行動と組織アイデンティティに適合的な行動とが一致する状況である。

　次節以降では，損害保険業界における商品開発の事例を見ていく。第 1 節ではまず本章で扱う問題を明らかにする。第 2 節では制度が確立していくプロセスについて確認する。第 3 節では調査対象である Y 社のプロジェクトの事例について見ていく。第 4 節では事例から導き出されたインプリケーションについて述べ，第 5 節で本章の議論をまとめる。

第5章　制度環境の変化への能動的な関与

5-1　制度環境の変化に対応した開発戦略

　規制業界では，各企業の自由度が制限されるため，類似的行動をとる傾向が強くなり（佐藤・山田，2004），特に製品開発といったイノベーティブな活動による競争は生じにくいと考えられている。しかし，規制など制度的要因の影響が大きいことが，逆に，制度が変更された場合にビジネス・チャンスを生むこともある。

　一般に，製品（商品）[1]開発においては，技術的な要因（テクノロジー・プッシュ），市場の要因（マーケット・プル）を考慮することが重要である。しかし，製品開発に影響を与える環境要因はより複雑である。

　特に，金融業のような産業においては，規制緩和が既存の競争パラダイムを非合理的なものにし，新たなパラダイムへの移行を余儀なくさせるなど（森，2005），制度が企業に与える影響は大きい。そのため，製品開発に影響を与える要因としては技術や市場だけではなく，規制を含む制度の影響を主要な要因の一つとして考える必要がある。

　そこで本章では，損害保険会社による，確定拠出年金制度用商品の開発を取り上げる。これは，法制度の変更により，新たな商品開発が行われた事例である。

　製品開発・サービス開発に関してはこれまでに，多くの研究が蓄積されてきている（Brown and Eisenhardt, 1995；藤本・安本，2000；Johne and Storey, 1998；de Jong and Vermeulen, 2003；Krishnan and Ulrich, 2001）。

　金融業の製品開発の研究では，金融業をサービス業の一つとして開発プロセスを調査する研究[2]や，製造業における研究の知見を援用する研究[3]が多

---

　1)　研究分野としては，製品開発論と呼ばれることが多いが，損害保険業においては「製品」という言い方はせずに「商品」と呼ぶ。そこで，ここでは商品と製品を相互に交換可能なものとして用いる。

　2)　Avlonitis, Papastathopoulou, and Gounaris, 2001；Edgett and Jones, 1991；

106

く，商品開発の成功要因も複数あげられている[4]。

　技術進化やイノベーションによる市場創造に関しても，社会的・政治的影響といった制度要因を考慮する必要があるとされているが（Tushman and Rosenkopf, 1992；Vermeulen, Büch, and Greenwood, 2007），本章で取り上げるような規制が商品開発に影響する事例では，制度的な要因をより考慮する必要がある（Slattery and Nellis, 2005）。

　制度は，組織に対して同型化の圧力として働く。例えば政府機関は，それぞれの企業に対して規制，政策変更，監督などの形で影響を与える[5]。各企業は自らの方法を正当化できるように，政府機関の示す指針に対応して行動するので，各社の行動は同質化する傾向にある（Deephouse, 1996；DiMaggio and Powell, 1983）。つまり，制度の圧力に従うと，組織は競争のために差別化することが難しくなる。

　それに対し，いくつかの研究は，制度の圧力に対応するために組織がとりうる戦略を提示している。制度への対応自体が組織にとっての戦略であり，制度の圧力がある環境下では，どのように制度に対応するのかが企業の差異の源泉となり，それは競争優位につながる（Oliver, 1997）。

　例えば Oliver（1991）は，制度的プレッシャーへの組織の対応として，黙従，妥協，回避，拒否，操作の五つをあげている。これによると，組織は必

　　Edgett and Parkinson, 1994；Lievens and Moenaert, 2000a, 2000b；Lievens, Moenaert, and S'Jegers, 1999 など。

3)　Avlonitis and Papastathopoulou, 2001；Cooper and de Brentani, 1991；Cooper and Edgett, 1996；Edgett, 1996；Thwaites, 1992；Vermeulen, 2004；Vermeulen and Dankbaar, 2002 など。

4)　Blazevic and Lievens, 2004；Cooper, Easingwood, Edgett, Kleinschmidt, and Storey, 1994；Drew, 1995a, 1995b；Reidenbach and Moak, 1986；Storey and Easingwood, 1993 など。

5)　例えば，損害保険の場合，金融庁による「保険会社向けの総合的な監督指針」に，商品開発に関するプロセスや体制などに関する指針が記されており，それに適合していることが求められる。問題があると判断された場合には，新商品の開発が停止になることもある。

第5章　制度環境の変化への能動的な関与

要に応じて制度的プレッシャーに従うこともできるし，場合によっては圧力をかけてくる主体を取り込んでしまい，逆に制度に影響を与えるという対応もとりうる。

Lawrence（1999）は，組織が，直面する制度環境に対して影響を与える行動のパターンとして制度的戦略を概念化し，二つの戦略を提示している。一つはメンバーシップ戦略で，対外的な正当性が与えられるメンバーシップの範囲を規定し，その中に自らを含めることでメンバー外の組織との間で正当性における差別化を図るものである。もう一つは標準化戦略で，自組織の手続きや製品を業界において標準化し，正当性を与えられるものとすることで，自組織の立場を有利にするものである。メンバーシップ戦略は，既存の制度に対応し，対外的な正当性を獲得することが前提の戦略である。一方，標準化戦略は，自社が対外的な正当性を得られるような制度環境を形成していく戦略と見ることができる。

Oliver and Holzinger（2008）は，政治的環境に戦略的に対応する方法として，①価値を維持するのか，創造するのか，②政治的環境に影響を与えるのか，従うのかという二軸で分類された四つの戦略を提示している。環境に従い，価値を維持するのが受け身戦略で，効率的な規制対応プロセスを組織内に構築するといったものである。環境に従い，価値を創造するのが予期戦略で，いち早く政策変更を察知する方法を身につけるといったものである。環境に影響を与え，価値を維持するのが防御戦略で，参入障壁を高めるようにロビー活動をすることなどが含まれる。環境に影響を与え，価値を創造するのが先取り戦略で，率先して規範・標準を形成することなどが含まれる。

政治的環境とは，組織が従うべき規則を定めたものであり，組織の対外的な正当性獲得に影響するため，制度環境の一部と考えられる。そのため，Oliver らが提示した戦略は，制度に影響を与えるか，または制度に従うものであると見ることができる。

本章では，以上のような既存研究の議論を踏まえ，製品開発において制度への対応として企業がとりうる戦略として，以下の二つを提示する。

5-1 制度環境の変化に対応した開発戦略

第一の戦略が，制度環境により効率的に適応するという戦略である。制度環境が，業界に属する各社に共通して与えられた競争上の前提条件であるとするならば，その条件にどれだけ適応できるかが重要となる。制度への適応は同質性をもたらし，差別化を難しくするが，製品開発のようにリードタイムが重要な場面では，適応のスピードが意味を持つ。そのため，他社と比較して制度に効率的に適応できれば，それは競争優位につながりうる。

第二の戦略が，制度環境をデザインするという戦略である。組織は定められた制度にただ従うだけでなく，積極的に制度のデザインに関わることもできる。制度設計を通じて自社に有利な競争環境を築くことができれば，競争優位につながる。

さらに，製品開発という局面ではリーダーの役割が重要であるとされていることを考えると（Clark and Fujimoto, 1991），これらの戦略をとる際のリーダーの役割についても考慮する必要がある。本章では二つの戦略の具体的な商品開発プロセスの中での実行と，その際のリーダーの役割を明らかにする。

まずは，損害保険商品の販売までのプロセスから見てみたい。実際に行われたある商品開発のケースにおける主なプロセスと対応期間は以下の通りである（図5-2）。

保険商品の基本は，約款という紙媒体に転写された契約情報である。そう考えると，パンフレットの作成を商品開発に含めることには違和感があるかもしれない。しかし，顧客までの情報の流れを重視すると，パンフレットも重要である。約款だけを読んで理解し，契約する顧客はほとんどいない。つまり，約款だけでは顧客に情報を伝えきることは困難なのである。そのため，パンフレットの作成を商品開発に含めて考える必要がある。

開発プロセスの中心となるのは商品部門である。しかし，その他にも多くの部署が関連している。例えば，損害サービス統括部門は，適正な保険金支払体制の確立の観点で問題がないかをチェックする。また，システムの開発を行うシステム部門の役割も大きい。その他にも，法務部門，再保険部門，資産運用部門などがそれぞれの専門の視点から商品開発に関与する。

第5章 制度環境の変化への能動的な関与

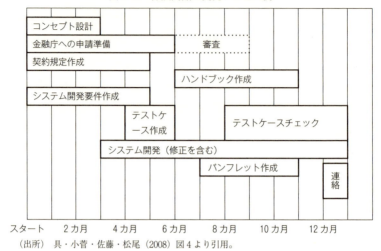

図 5-2 保険商品の開発プロセス例

（出所）具・小菅・佐藤・松尾（2008）図4より引用。

5-2 制度の概要と制度確定までの経緯

　確定拠出年金商品開発は，法制度の変更により新たな商品の開発が可能になり，それに基づく商品開発が行われた事例である。制度の影響を見るには，それが変更されたときの状況を見るのが最もわかりやすいため，この事例を見ることには意味がある。

　確定拠出型年金とは，拠出された掛金が個人ごとに明確に区分され，掛金とその運用収益との合計額をもとに給付額が決定される年金である。

　確定拠出年金制度は[6]，1997年3月に閣議決定された「規制緩和推進計画の再改定について」において，公的年金制度全体のもとでの位置づけ等を検討することとされ，制度に関係する省庁である当時の大蔵省，厚生省，通商産業省，労働省の各省がそれぞれの立場から検討を開始した。厚生省では厚

---

6) 以下この節の記述は，尾崎（2001, 2002），およびY社開発担当者へのインタビューに基づく。

110

生年金基金を所管する立場から，労働省は財形年金を所管する立場から，大蔵省では適格退職年金を所管する部局が，それぞれ確定拠出型の仕組みを導入することを検討した。一方，通商産業省は，産業界を支援する立場から，産業界の意見を受けて確定拠出型年金の仕組みを検討した。

その後，各省がそれぞれの立場から要望を出していたのでは実現は難しいとして，統一的な制度案を作るため，1998 年 10 月，自由民主党の年金制度調査会に私的年金等小委員会が設けられ，議論が行われた。さらにこれを受けて，1999 年 1 月に大蔵省，厚生省，通商産業省，労働省の関係 4 省により確定拠出型年金制度準備会議が設置され，具体的な内容の検討が開始された。同じく 1999 年の 12 月には，自由民主党の「平成 12 年度 税制改正大綱」に確定拠出型年金の制度の骨格や税制措置の内容が盛り込まれた。

これを受けて，より詳細な内容の整理や法案作りが行われ，2000 年 3 月に，確定拠出年金法案が国会に提出された。しかし，6 月に衆議院が解散され，廃案となった。

そのため，2000 年 11 月の臨時国会に法案が再提出され，2001 年 6 月に成立，10 月から施行された。

法案成立後，施行に向けて必要となったのが，政省令の作成・公布であった。上述のように確定拠出年金法案は一度廃案になっており，法案の最初の国会提出から成立までに 1 年以上がかかったため，その間に，このビジネスに参入を予定している金融機関ではかなり準備が進められていた。そのため，そういった準備内容を全く無視した政省令を作成しても，確定拠出年金制度自体が機能しなくなる恐れもあったため，政省令の作成にあたっては各金融機関の準備状況も考慮された。

その中で最も重要な問題となったのが，保険商品が元本確保商品として認められるか否かであった。確定拠出年金法により，確定拠出年金運営管理機関には加入者に提示する三つ以上の運用商品に必ず元本確保商品を含めることが義務づけられている。この元本確保商品の具体的な規定は政令によってなされることとなっていた。

111

第 5 章　制度環境の変化への能動的な関与

　元本確保商品の問題は，金融機関の戦略に大きく影響を及ぼす可能性があった。運用商品に元本確保商品を含めることの義務づけには，ビジネスに参入できる企業の範囲を制限するという意味合いもあった。そのため，例えば，元本確保商品であることが明確な預金を扱っている銀行業界は，確定拠出年金法が制定されるプロセスにおいて元本確保商品を含めることのルール化を要望として確定拠出型年金制度準備会議に提出していた[7]。

　預貯金や国債などが元本確保商品と考えられることは明確であったが，保険商品に関しては必ずしもその区分が明確ではなかった。生命保険業界からは利率保証型積立生命保険を，損害保険業界からは積立傷害保険を元本確保商品とするように，早い段階からそれぞれ業界を挙げての強い要望が出されていた。

　保険業界は，利率保証型積立保険や積立型損害保険商品は，保険会社が一定の利率を保証しており，保険契約者保護機構によって加入者に対する一定の保護があることから元本確保商品であると主張した。仮に，元本確保商品として認められる保険商品が全くないことになると，運用商品を提示する際に銀行など他社の商品も含めて提示せざるをえないため，保険会社が単体で完結したサービスを提供できなくなり，加入者に安価な手数料でサービスを提供することは困難になるというのが保険会社の立場であった。

　これに対し，もともと元本確保商品であることが明確である商品を扱っている，銀行等の業界にとっては，保険会社が単独でサービスを提供できないほうが有利となる。

　そのため，保険商品を元本確保商品と認めることに対して，保険業界以外からは反対の声があった。まず，保険商品は保険料に応じて保険金を支払うというのが基本的な機能であり，保険業法など保険業の基礎となる法律において，元本を確保するという概念が存在しないという意見が出された。その他，保険商品の場合，保険会社が破綻したときにどれだけの資産が保護され

---

7)　「厚生省等 4 省の確定拠出型年金制度案，固まる」『金融』1999 年 9 月。

るかが不明であるという主張もあった。

　両者の意見対立は大きく，容易には解決できない状況であった。これに対し，保険会社が単体でサービスを提供できず，手数料等の面で不利になると，保険会社に委託を希望する企業や加入者にとっては不利益になると考えられた。そこで，国民の選択肢の幅は広いほうがよいとの考えが働き，厚生労働省はこの問題を，既存の保険商品が元本確保商品に該当するかを判断するのではなく，元本確保商品と判断できる保険商品の要件を明確化し，そういった商品を用意できるか否かで考えることとした。

　厚生労働省は，業界の窓口となった会社の担当者と元本確保商品とみなせる保険商品の要件を明確化し，結果，この要件に合う保険商品は元本確保商品として認められることとなり，各保険会社は要件に合う商品を用意することにした。

5-3　Y 社における商品開発

5-3-1　新規ビジネス参入のプロジェクト

　確定拠出型年金用の商品は，この制度ができることによって開発が可能になった商品であるため，Y 社ではまず，商品そのものの開発に先立って，確定拠出年金制度に関するビジネスにどのように関わるかが決定されることになった。

　確定拠出年金制度が正式に決定される以前から，新制度に対応するための活動は始まっていた。当初は，法律がどのように決まっていくかもわからない不確実な状況下で，経営企画部門が担当していたが，政策の動向などを見て，1999 年 5 月から当座の処置として次長クラスの人員が一人で専任者として担当することになった。

　その後，法案の中身が見えてくるにつれて人員が追加され，7 月には課長，主任クラスのそれぞれ 1 名ずつが参加し 3 名になった。2000 年 1 月までには一般職を含めた 3 名が専任メンバーとして参加し 6 名になり，さらに

第5章　制度環境の変化への能動的な関与

2001年6月に確定拠出年金法案が成立し，続いて施行規則・施行令の制定が行われた7月には2名が追加され，計8名になった。

このプロジェクト専任のコア・チーム・メンバーを中心とし，それ以外に経営企画部門，営業推進部門，商品部門，生命保険子会社，事務管理部門のメンバーが確定拠出年金ビジネス専任ではないが，業務の一つとして担当し，参加していた。さらに，システム部門は専門の部署を設置した。

コア・チームは職務年数25年程度の次長クラスから課長クラス，主任クラス，さらに新人である一般職も含んでいた。一方，システム部門のチームも同様に，次長クラスから課長クラス，主任クラス，そして新人までを含んでいた。コア・チームは，運営管理機関としての制度参入と本プロジェクトの推進役を担った。

商品部門，システム部門は専門性が高いため，所属メンバーは関連する部門を中心として，キャリアパスを歩んでいるのが一般的である。特に，商品部門に関しては，「商品は10年ぐらいやらないと，すべての業務をマスターすることは難しい」「OJT，口伝の世界」（Y社商品開発担当者）という。

コア・チームのリーダーにはメンバーの人事権や予算権限が与えられていたが，関係部門に対しては公式の権限は与えられていなかった。そのような中で，Y社プロジェクト・リーダーはプロジェクトの成功要因に関し，「リーダーには強い信念が必要」「頭の中でどんなビジネスになるか，商品になるかの絵，つまりビジョンを描いていた」「各部門が専門化しすぎていたら失敗していた。一貫性がとれたことが重要」と振り返っている。

つまり，リーダーには積極的に計画を推進していく役割，およびビジネス全体の構想力，他部門との調整を行うことが求められていた。

コア・チーム内でのコミュニケーションはリーダー主導のもと，情報交換や進捗状況管理を目的として行われた。コア・チーム，関係各部門を含めた部門間のコミュニケーションは主に公式のミーティングによって行われていた。プロジェクトには各部門の協力が必要であったが，どの部署も自分のところに負荷がかかるのは嫌がり，協力意識は強くなかった。しかしその一方

114

で，「人も金も出さないが口も出さない」「どの部署も経験がないので口が出せない」（Y社プロジェクト・リーダー）といった状況で，かえって思うようにビジョンを描くことができ，さらにそのビジョンに基づいて一貫性を維持できたという面もあった。つまり，リソースがないがゆえに強いリーダーシップのもとで仕事が進められたということになる。

　リーダーは，ビジネスに関するビジョンを描く中で，制度の策定プロセスにおいて制度策定主体である官庁と積極的に交渉することもあった。特に，同じ損害保険会社だけでなく，企業年金分野で実績のある生命保険会社や信託銀行が強力なライバルと考えられていたため，損害保険会社の立場からそれらの企業に対抗し，いかに参入しやすくするかが重要であった。

　具体的には，当時，確定拠出年金制度は，大企業の制度という認識が各社に共有されている中，Y社は中小・自営業者も入れるような制度にするべきということを主張した。それに関して，Y社のプロジェクト・リーダーは次のように述べている。

　　　こんな法律にすればウチが活躍できるという絵を描いた。

　　　（自社商品が競争力を持つには）法的な枠組みはこう，制度的な枠組みはこうでなければならない，という考えがあった。

　　　行政に言われたままにやっていてもダメ。

　チーム内では基本的に分業体制が敷かれており，例えばビジネスモデル作りを中心とするメンバー，収益シミュレーションを行うメンバー，それらをサポートする事務作業を中心に行うメンバーなどに分かれていた。しかし，どのようなビジネスにするかのビジョンに関してはリーダーを中心として描かれており，このような制度の枠組みに関するビジョンはメンバーにも共有されていた。

第 5 章　制度環境の変化への能動的な関与

5-3-2　商品設計

確定拠出年金制度自体が，アメリカの制度を参考にしているため，商品の設計においてもアメリカで販売されている GIC（利率保証契約型商品）[8]を参考にするために研究が進められた。続いて，他社がどのような商品を出してくるかの予測が行われた。このときには生命保険商品と銀行預金が強力なライバルと考えられており，特に生命保険会社はアメリカの GIC をモデルに，金利変動リスクを加入者が負うような商品を出すことが予想された。そういった予想を踏まえた上で，自社の商品コンセプトが決定された。大枠の選択肢としては，預金商品のように常に元本を保証するものにするか，あるいは，生命保険商品のように，元本は満期時では保証するが途中で解約した場合には元本割れリスクを加入者がすべて負うものにするかの二つがあった。Y社以外の損害保険会社が預金型を選択したのに対し，Y 社は，確定拠出型年金商品は基本的に 60 歳まで積立金を引き出せないということを考えて，満期時点での利回りがよい生命保険商品と類似のコンセプトを選択した。さらに，競合する商品との差別化を図るため，生命保険商品が元本割れリスクを加入者がすべて負担する設計であったのに対し，リスクの一部を会社が負担するようなものにした。また，利率表示の工夫や傷害死亡による補償の上乗せも取り入れられた。最後に，商品の収益性の検証およびプライシング方法の決定が行われた。

　Y 社開発担当者によれば，損害保険商品開発では「限られた時間の中で他社に負けないように開発する」という時間的プレッシャーがあるという。しかし，このときの商品開発では，制度の要件（確定拠出年金法，施行令・施行規則）を満たす必要があったにもかかわらず，認可申請，システム開発，募集帳票の作成等，すべてにおいて最終要件は制度の決定される段階まで確定しなかった。一方で，このときの商品は，システム開発についても，レコード・キーピング会社[9]との接続も関係するなど，大規模なものになったた

8）　GIC とは，一定期間にわたり，一定の利率を補償する保険商品である。

め，制度が確定する前から開発を始める必要があり，後に変更があることを考慮しながらも先行して開発が開始されていた。

システム開発の出発点である要件定義は2000年の5月に始められた。これは，一度確定拠出年金法案が廃案になったということもあるが，実際に法案が成立する1年以上も前のことであった。その後，2001年6月の確定拠出年金法案成立，同年7月の施行令・施行規則制定を受けて，7月に金融庁への商品認可の申請が行われた。8月から9月にかけて，実際に販売するにあたって必要となるパンフレットが作成された。

金融庁からの認可が下りたのは2001年9月であった。これにより，システム開発要件の一部が修正され，最終確定がなされた。また，社内文書連絡や代理店文書連絡も行われた。10月にはシステム開発が終了し，商品用のホームページも開設された。

商品設計に関わる人員は2名であった。一人は経験年数8年ほどであり，もう一人は新人であった。この人員構成に関して，経験年数8年の開発担当者は次のように述べている。

> 今回のような運用型のシンプルな商品の開発の場合，保険料算出，約款作成，パンフレット作成などの作業量が比較的少ないため，コンセプトを一貫させるためには小規模，場合によっては一人で開発を行ったほうがよい場合もある。

> もっと複雑な契約の商品の場合には作業量も多くなるため，人員を増やして分担して行う必要がある。この場合にはどのようにコンセプトの一貫性を維持するかが課題となる。

商品の複雑さといった特性が人員構成に影響を与えており，今回の商品は

---

9) レコード・キーピング会社とは，取引に関わるデータを記録する業務を行う会社である。

比較的シンプルな商品であったため，上述のような人員構成になっていたのである。

5-4 **制度環境の形成と商品開発**

　本章では，制度環境の影響を大きく受ける損害保険商品の中でも特に，関係する官庁が多く，同じ損害保険会社だけでなく生命保険会社や信託銀行など競合相手が多い点，さらに新たな法律の制定によって新規に可能になったビジネスである点など，特殊な事例を意図的に取り上げた。そのため，これを一般化することはできないが，一方で，極端な１ケースを取り上げることによって，制度環境の変化に対する組織的対応の特徴をある程度明らかにできたと考える。

　本事例の特徴としてあげられるのは，制度環境の変化がビジネス・チャンスになっている点である。今回の場合，商品を開発する契機となったのは，確定拠出年金法という法制度が制定されたことである。制度の変更なしには商品が開発できなかったという点に関しては受動的な商品開発であったということができる。さらに，商品開発の過程においても監督官庁の認可が必要であるなど，制度の影響は大きい。その中で，いかに素早く商品開発を行うかが課題となっている。

　一般に，金融商品は無形であるというその媒体の特徴から模倣が容易であると考えられているが，他社に先駆けて優良顧客を取り込むことが優位につながるため，開発リードタイムは重要であると考えられる（佐藤・藤本，2007；Sato and Fujimoto, 2013）。

　今回の事例は，開発プロセスにおいて社内の複数の活動がオーバーラップするだけでなく，制度の確定とも並行して進められる複雑なものとなっている（表5-1）。しかも，外部組織の影響力がかなり強い中で，自分たちに不利にならないように交渉を行ってもいる。その交渉は，業界レベルでも個別の組織レベルでも行われていた。

118

5-4　制度環境の形成と商品開発

表 5-1　制度の確定と商品開発のオーバーラップ

		政府関連	プロジェクト推進部門	商品開発・管理部門
1997 年	3 月	「規制緩和推進計画の再改定について」閣議決定		
1998 年	10〜12 月	「自由民主党・年金制度調査会・私的年金等小委員会」開催		
	12 月	自由民主党「平成 11 年度 税制改正大綱」		
1999 年	1 月	「確定拠出型年金制度準備会議」設置（大蔵省，厚生省（事務局），通産省，労働省）		
	5 月		専任 1 名（次長クラス）	
	6 月	「確定拠出型年金制度の具体的な仕組みの検討の方向」（私的年金等小委員会）		
	7 月	「確定拠出型年金制度の具体的な仕組みについて」（確定拠出型年金制度準備会議）（4 省案）	専任 2 名追加（課長，主任クラス）	
	12 月	自由民主党「平成 12 年度 税制改正大綱」（確定拠出型年金の関連税制措置を記載）	専任 1 名追加	
2000 年	1 月		専任 2 名追加	
	3 月	確定拠出年金法案を国会に提出		
	5 月			要件定義（システム開発開始）

119

第 5 章　制度環境の変化への能動的な関与

2000 年	6 月	確定拠出年金法案が廃案		
	11 月	確定拠出年金法案を臨時国会に再提出（継続審議）		
2001 年	6 月	確定拠出年金法成立		
	7 月	施行規則・施行令制定	専任 2 名追加	損害保険商品の金融庁への申請
	8〜9 月			パンフレット等（含む HP）作成
	9 月			損害保険商品の金融庁からの認可，システム開発要件の一部修正（最終確定），社内文書連絡，代理店文書連絡
	10 月	施行		システム開発終了

（出所）　Y 社開発担当者インタビュー，および尾崎（2001, 2002）より作成。

　以下では，5-1 節で提示した製品開発における制度環境変化への対応の戦略と，本事例における Y 社の行動との対応関係について見ていく。

　まず，制度環境への効率的適応戦略であるが，今回の事例では，制度が確定する前の不確実な段階から製品開発の準備を始め，制度が明確化するにつれて人員を増やし，部門間のコミュニケーションを強化することによって効率的に商品開発を行ったという点が，この戦略に相当する。

　日本における確定拠出年金制度はアメリカの制度を参考にして制定されたことから，あらかじめアメリカで販売されている商品を分析し，制度が確定する前から生命保険会社や信託銀行などの他業種の競合相手との差別化が可能なようにコンセプトを決定した。また，特に時間のかかるシステム開発を前倒しで開始し，制度の制定プロセスとオーバーラップさせることで，法案の施行とほぼ同時に商品を提供することが可能になった。

　次に，制度環境のデザイン戦略であるが，今回の事例では，Y 社は業界

120

5-4 制度環境の形成と商品開発

表5-2 制度への対応の戦略と事例の対応関係

企業の戦略	企業の行動
制度環境への効率的な対応	・制度が確定する前から人材を配置，法案の内容が明らかになるにつれて人員を増加して対応した。 ・制度がアメリカのものを参考にしていることから，アメリカで販売されている GIC 商品を研究，他社が出すと考えられる商品と差別化を図った。 ・システム開発を前倒しで開始，制度の確定と商品開発をオーバーラップさせた。
制度環境のデザイン	・業界団体の中の一員として，集団で政府に対して働きかけ，損害保険商品も元本確保商品として認められるようにした。 ・自社が競争しやすいように，中小・自営業者も入れるような制度になるよう働きかけた。

（出所）佐藤（2010a）表2を一部修正。

団体の一員として損害保険会社の立場から，競争上不利にならないように保険商品も元本確保商品として認められるように政府に対して働きかけていた。さらに，中小・自営業者も入れるような枠組みにするための交渉を行うなど，自社商品が競争力を持つ環境になるように働きかけを行った。このように，損害保険会社であるという組織アイデンティティに基づき，どのような顧客をターゲットにし，どのような商品を開発するのか考えていた。それに基づいて時には集団として，時には個別企業で交渉が行われていた。それらがこの戦略に相当する。以上の二つの戦略と Y 社の行動の対応関係をまとめたものが表5-2である。

　このような戦略が商品開発プロセスに組み込まれており，実行のためには強力なリーダーの存在が重要になる。

　今回の事例のように，制度環境の強い影響下で素早い商品開発を行うには，商品のコンセプトを明確にし，開発チーム内をまとめることに加え，監督官庁との折衝など制度への対応を行う必要がある。そのためには，政府機関やライバル企業の視点を取り込み，制度のビジョンを描けるような強力なリーダーが必要なのである。

121

第5章　制度環境の変化への能動的な関与

5-5　環境適応と組織内のプロセスとの統合

本章では，損害保険会社の事例をもとに，制度環境が変化する中で新商品開発がどのように行われるのかを明らかにした。その上で，このタイプの製品開発競争における戦略として，制度環境変化への効率的な適応と，制度環境のデザインをあげ，それを実行するためには強力なリーダーの存在が重要であることを主張した。また，ここで取り上げたケースでは，同一業界内だけでなく複数の業界に属する企業が競合となっていた。そのため，損害保険会社であるというカテゴリーとしての組織アイデンティティが戦略を形成する上で作用していた。

隣接他業界の企業とも競合関係になったことによって損保会社としての組織アイデンティティがより強く意識された。

本章で扱ったのは，制度環境の変化に対して損害保険会社としての組織アイデンティティに基づいて能動的に関与し，変化を自組織に有利に誘導することができたケースであった。このような場合には，制度環境の変化に対応しながら独自の商品を開発することが可能となる。そのため，組織にとって成功のために重要であったのは，いかに制度環境変化への適応と組織内のプロセスを統合できるかであった。

しかし，常に自分たちに有利な制度環境を能動的に作り出すことができるとは限らない。むしろ多くの場合，他組織との相互作用の中で形成される制度環境に適応していかなければならない。そこで次章以降では，明確な組織アイデンティティを持たない組織が変化する制度環境にどのように対応しようとしたのかという本書全体の問題意識に関わる事例について見ていくことにしよう。

122

第**6**章

制度環境の変化と
組織の受動的対応

第6章　制度環境の変化と組織の受動的対応

　本章と次章では，制度環境が変化する中で，明確なアイデンティティを持たない組織がどのように適応を試みたのか，そしてそれが業界レベルで見たときにどのような帰結をもたらしたのかについて考察する。特に本章では，制度環境が不明確で，どのような行動が適合的なのかがあいまいな状況から，複数の組織の行動と認識の相互作用によって次第にあいまいさがなくなり，競争がエスカレートしていった現象について扱う。

　本章での議論を，第1章で提示したフレームワークの図と対応させると，図6-1のようになる。

　まず，制度環境が変化し，明確に認識されていないという状況が生じる。そのため，それに組織はどのような行動が適合的か明確でない中で行動を選択し（①），そのような行動が結果として対外的正当性の認識につながり（②），新たな制度環境の認識の形成をもたらす（③）。すると，今度はその認識に基づいて適合的な行動を組織は選択し強化しようとする（④）。つまり，組織の行動自体が，制度環境の認識を形作り，結果としてその認識に組織の行動が規定されるようになる。

　この章で扱う事例では，制度環境の変化によって組織に求められる行動がそれ以前とは変化したにもかかわらず，どのような行動が制度環境と適合的であるのかに関してあいまいな状況が生じていた。それぞれの組織は他の組織の対応にも影響されながら行動を選択し，そこで選択された行動が，どのような行動が制度環境と適合的であるのかに関する認識を明確化していった。

　この状況下で，それぞれの組織が明確な組織アイデンティティを持たなかったことから，組織の行動は対外的な正当性のみを過度に意識したものになっていった。結果，顧客ニーズとの乖離が生じてしまった。

　この現象を本章では，損害保険業において新商品の開発[1]が重要な競争上の軸として認識されるようになっていくプロセスを対象に考察する。

　損害保険業界では，規制が緩和され商品開発の自由度が増したことから，

　＊　本章は，佐藤（2010b, 2011c）に基づく。

　1）　第5章と同様に，ここでも商品と製品を交換可能な用語として用いる。

124

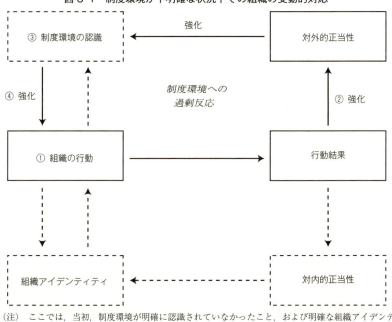

図6-1 制度環境が不明確な状況下での組織の受動的対応

(注) ここでは,当初,制度環境が明確に認識されていなかったこと,および明確な組織アイデンティティが存在しなかったことが,点線の枠と矢印で表されている。

商品開発による差別化が戦略として選択できるようになった。優れた新商品を開発し,顧客にアピールすることで競争していくということは多くの産業で見られることであり,そのための組織能力をいかに蓄積するかは,組織にとって重要な課題となっている (Clark and Fujimoto, 1991;藤本,1997;Iansiti and Clark, 1994;Verona, 1999)。

しかし損害保険業で見られたのは,顧客のニーズを離れて商品開発が行われ,各社が過剰な商品バリエーションを含む商品構成を形成していくという現象であった。ここでは,なぜ顧客のニーズを重視した本質的な商品開発競争が行われなかったのかを,本書全体のテーマである制度環境と組織アイデンティティへの適合の視点から考察する。

構成は以下の通りである。第1節では,本章で扱う問題を明らかにする。

第6章　制度環境の変化と組織の受動的対応

第2節では，損害保険業における自由化の進展について概観する。第3節では，損害保険会社にとっての商品開発の位置づけの変化について述べる。第4節では事例の持つインプリケーションについて検討する。第5節で本章の議論をまとめる。

6-1　組織アイデンティティと差別化

　ある業界において，競争優位を築くための戦略の一つは，差別化である（Porter, 1985）。

　差別化とは，顧客にとって重要な要素について，他社とは異なる独自性を持つことである。競争圧力が高い環境下においても企業は，他社とは異なる独自のポジションを築くことができれば，激しい競争に巻き込まれるのを避けることができる。

　差別化は製品，流通システム，マーケティング方法などさまざまな次元において実行することができる。その中で，他社との差別化を図る重要な方法の一つが，製品差別化である。他社にない独自の商品を開発し，それが市場で評価されれば，独自のポジションを築くことができる。そのため，いかに新製品を開発するかは企業にとって競争優位を築くために重要な課題となっている。

　新製品や新サービスの開発をいかに行うかについては，これまで多くの研究で議論されてきた（Brown and Eisenhardt, 1995；Easingwood, 1986；Johne and Storey, 1998；de Jong and Vermeulen, 2003；Krishnan and Ulrich, 2001）[2]。

　これらの研究が示唆するように，消費者が求める新製品を効率的に開発できる企業は，他社との競争を有利に進めることができると考えられる。

　しかし，製品開発に成功することの影響はそれだけではない。優れた製品やサービスを開発することができれば，それが消費者に評価され，企業の競

　2）　第5章も参照。

126

争優位につながるだけでなく，「イノベーティブな企業」としての評価を受けることもできる。製品開発の結果としての新製品やサービスだけでなく，製品開発活動自体が評価の対象となり，新たな製品やサービスを開発したということ自体が企業の高い評価につながる。

組織に対する評価は，利害関係者による社会的な構築プロセスの中で形成される（Deephouse and Carter, 2005）。社会的に高い評価を得ることは，さまざまな主体に対してシグナルとして機能し，その結果，顧客や従業員，投資家などの意思決定に影響を及ぼす（Fombrun and Shanley, 1990；Fombrun and van Riel, 2004）。

顧客に対しては，購買決定に影響を及ぼす。高い社会的評価は企業の信頼につながり，販売の可能性を高める。従業員に対しては，就職や勤続の意思決定に影響を及ぼす。就職希望者は，社会的評価の高い企業への就職を希望する。また，従業員の離職を防ぐのにも役立つ。高い社会的評価は従業員のロイヤルティやモチベーション，コミットメントを高める働きがある。投資家に対しては，投資の意思決定に影響を与える。社会的評価の高い企業は資金を豊富に獲得でき，逆に問題のある企業は，資金の獲得が難しくなり，場合によっては株主からの圧力で経営陣の交代を求められることにもつながる。

このように，社会的に高い評価を得ることは，ライバルとなる組織との差別化，独自性の確立につながることから，組織が競争優位を確立する上で重要な役割を果たす（Barney, 1991；Fombrun and van Riel, 2004；Rao, 1994）。

新たな製品やサービスの開発は，社会的に高い評価を得るための一つの要素になりうる。クリエイティブであり，新たな商品を開発し続けることができるとみなされる企業は高い評価を得ることになる（Henard and Dacin, 2010）。

そのため，通常多くの業界においては，製品開発を活発に行い，できる限り新たな製品を市場に投入し続け，イノベーティブな企業であるという評価を得ることが競争優位を獲得するために重要となる。

しかし，本章で取り上げる損害保険業界の場合，ある時期までは必ずしもそうとはいえない状況が存在していた。規制の影響により商品開発に制限が

第6章　制度環境の変化と組織の受動的対応

あり，商品の開発力によって自由に競争ができるわけではなかったからである。

それが，1996年の自由化以降，商品開発の自由度が高くなり，損害保険会社にとって商品開発による差別化が，競争優位を築くための選択肢の一つとなった。

だがこの時点では，必ずしも商品開発による差別化の重要性が一般的な認識として確立されていたわけではない。顧客も損害保険会社を商品開発力で評価していたわけではなかった。そのため，顧客にとっても損害保険会社をどのような視点から評価すればよいのか，また，新商品が開発されたとしてもそれをどのような軸で評価すればよいのか，あいまいな状況が生じていた。

損害保険会社の側でも，どのような商品を開発していくことが評価されるのか，十分認識されているわけではなかった。例えば，当時の競争状況を振り返った損害保険会社の従業員は，自由化の進展によって「この業界はどうなってしまうのかというほどの衝撃があった」とし，大きな不確実性が生じたと感じていた。そのような変化の中で行われた商品開発に関しては，以下のような指摘をしている[3]。

　　商品力で勝負というよりも他社に後れをとらないことが大事という意識があった。

　　とりあえず，まず同じものを用意しろ，という雰囲気があった。そうすれば負けはしないという考え方だった。

　　今ついている保険以外にかかる費用を全部出せ，考えられるもの全部，細かいものまで網羅しろというのが当時の開発の意識だった。

---

3)　X社本社商品部門課長J氏に対する2006年11月30日のインタビュー。第3章の表3-3を参照。

128

6-2 損害保険業における自由化の進展と商品開発

　このように，制度環境の変化により新商品開発の自由度は高くなったものの，当時の認識としては，その変化した環境の中でどのようなことが求められているのかがあいまいであり，その意味では制度環境が明確に認識されていない状況であった。

　その背景には，この業界のたどった歴史的経緯がある。規制の強い影響下におかれた時期が長く続いたことから，業界では横並びの意識が強くあり，差別化が困難であると考えられてきた。少なくとも他の産業と比較すると差別化への意識は高くなかった。

　そのため，損害保険会社として業界全体に変化が生じる中でどのように行動していくべきかについては意識されていたとしても，競争相手との比較において独自性につながるような組織アイデンティティの側面は明確に意識されていなかった。

　この状況は，明確な組織アイデンティティを持たない複数の組織が制度環境の変化に直面したものとして考えることができる。その中で各損害保険会社はどのような行動を選択したのか，そしてそれが新たな制度環境の形成にどのように影響し，結果としてどのような帰結をもたらしたのか，次節以降ではこのプロセスについて記述する。

6-2　損害保険業における自由化の進展と商品開発

　自由化以前の損害保険業界においても，商品開発自体が全く行われてこなかったわけではない。少なくとも一定の利害関係者に対しては，各損害保険会社が商品開発をアピールする姿を観察することができる。

　例えば，それは各社の有価証券報告書の中に見て取ることができる。1986年度から1995年度までの主要損害保険会社[4]の有価証券報告書を見ると，その多くが新商品を開発したことを報告している（表6-1）。

---

　4)　会社名は当時のものを用いている。

129

第6章　制度環境の変化と組織の受動的対応

表6-1　新商品開発に言及した企業数（1986年度から1995年度）

年度	1986	1987	1988	1989	1990	1991	1992	1993	1994	1995
東京海上	○	○	○	○	○	○	○	○	○	○
安田火災	○	○	○	○	○	○	○	○	○	○
大正海上	○	○	○	○	○	○	○	○	○	○
住友海上	×	×	×	×	×	×	×	○	×	×
日本火災	○	○	○	○	×	○	○	○	○	○
同和火災	○	○	○	○	○	○	○	×	○	○
日産火災	○	○	○	○	○	○	○	○	○	○
興亜火災	×	×	×	○	○	○	○	○	○	○
千代田火災	○	○	○	○	○	○	○	○	○	○
日新火災	○	○	○	○	○	○	○	○	○	○
日動火災	○	○	○	○	○	○	○	○	○	○
富士火災	○	○	○	○	○	○	○	○	○	○
大東京火災	○	○	○	○	○	○	○	○	○	○
大成火災	○	○	○	○	○	○	○	○	×	×
14社のうち，新商品開発に言及している数	12	12	12	13	12	13	13	12	12	12

（出所）　各社有価証券報告書より筆者作成。

具体的な記述としては，次のようなものがある。

　　……新商品の開発については，昭和63年4月に財形貯蓄傷害保険等の財形商品を，また平成元年2月に現代の生活様式に合わせた商品として，青年アクティブライフ総合保険を発売するなど，社会のニーズに合致した新商品の開発とその販売促進に努めた。（東京海上火災保険株式会社「1990年度　有価証券報告書」）

　　……お客様の多様なニーズに応えるため，積立介護費用保険「ビッグ

130

6-2 損害保険業における自由化の進展と商品開発

ウェル」，積立安心生活傷害保険「ビッグショット」，積立労働災害総合保険，積立所得補償保険並びに社名変更記念商品として補償内容をより充実させた健康生活積立傷害保険「ガリバーワイド」などの新商品を発売した……。（三井海上火災保険株式会社「1992 年度 有価証券報告書」）

　商品開発面においては，「会社役員賠償責任保険（和文約款）」の発売を始め，「テナントパートナー」，「ライフワイド」，「エイジプラン」など，消費者の幅広いニーズに適応した，新商品の企画・開発に努めた。
（富士火災海上保険株式会社「1995 年度 有価証券報告書」）

　しかし，商品開発の重要性に対する認識が一般的に強く持たれるようになるのは，自由化のプロセスの中においてである。

　1996 年にスタートした自由化は急速に進展し，結果，損害保険業界にとっては性急とも受け取れるほどの，予想を上回るスピードとスケールのものとなった[5]。

　自由化のプロセスの中で，新商品開発の活発化は，一つの重要な論点となっていた。保険審議会による報告書では，その第 1 章総論において以下のように述べられている[6]。

　国民が求める保険ニーズの多様化・高度化に応えるとともに，効率的な保険サービスを提供していくためには，市場原理の下で適正な競争が行われることを通じ，商品開発の活性化や経営の効率化が図られることが必要であり，このような観点から，金融システム改革の一環として，保険業及び保険監督行政について，次章で述べるような見直しを行うこととした。

---

5) 家森・小林（2002），佐藤（2007）を参照。

6) 保険審議会「保険業の在り方の見直しについて：金融システム改革の一環として」1997 年，2 頁。圏点は引用者による。

131

第6章　制度環境の変化と組織の受動的対応

さらに続けて，第2章各論の「Ⅰ. 算定会の改革等，自由化措置」では，損害保険料率算出団体の制度に関する改革に関する議論の中で，以下のように述べられている[7]。

　　　現在，金融システム改革が進められている中で，保険市場においても，事業者間の適正な競争が促進され，多様化・高度化する消費者ニーズに柔軟に応える活発な商品開発が行われることが強く望まれている。

その上で，改革後の損害保険料率算出団体の役割を，参考料率の作成・算出とするとして，以下のように述べている[8]。

　　　現在，算定会が算出を行っている保険の種類のうち，商品・料率の多様化や適正な競争の促進が消費者利益の増進につながると考えられる任意自動車保険，火災保険，及び傷害保険については，既存事業者による多様な商品開発の活発化，新規事業者の参入を含む競争の促進，及び自己責任に基づく消費者の商品選択に対する判断材料の提供の観点から，算定会料率の遵守義務を廃止し，算定会が遵守義務のない標準約款及び参考料率を作成・算出する制度とすることが適当である。

このように，自由化の議論の中で，商品開発の活性化は一つの目的とされていた。しかしこの段階では，政策レベルでの方向性として打ち出されたものであり，マスメディアやそれを通じた一般の消費者の認識では，どのような変化が生じるのかが理解されていたわけでは必ずしもなかった。

次節で見るように，商品開発が重要な競争上の焦点という認識が社会的に

---

7)　保険審議会「保険業の在り方の見直しについて：金融システム改革の一環として」1997年，4頁。圏点は引用者による。

8)　保険審議会「保険業の在り方の見直しについて：金融システム改革の一環として」1997年，5頁。圏点は引用者による。

も広まっていった背景には，損害保険会社自身が商品開発に積極的であることをアピールするようになったことの影響があったと考えられる。

6-3　企業間競争における商品開発の位置づけの変化

損害保険会社は，自由化への対応の必要性を認識し，商品開発力をより積極的にアピールするようになっていく。代表的な企業の認識と対応としては，以下のようなものがある。

また，企業保険の分野について，一層の規制緩和・自由化が図られたことにより，商品開発力や企画力が強く求められるようになった。（安田火災海上保険株式会社「1997 年度 有価証券報告書」。圏点は引用者による）

次に商品開発については，対物賠償保険の保険金額を無制限とした自動車保険をはじめ傷害事故や家財の火災事故を総合的に補償する「ホームパック」など，お客様のニーズにきめ細かく対応した当社独自商品の開発・販売に努めるとともに，企業向け保険の規制緩和に伴い，各種のオーダーメード型商品を発売した。（住友海上火災保険株式会社「1997 年度 有価証券報告書」。圏点は引用者による）

商品面においては，規制緩和の一環である損害保険商品自由化に対応して，各企業の個別の福利厚生施策や賠償リスク対策のニーズにきめ細かく応える「オーダーメイド労働災害総合保険」や企業向け総合賠償責任保険「グローバル・プロテクター」など各種の商品を発売した。（三井海上火災保険株式会社「1997 年度 有価証券報告書」。圏点は引用者による）

お客様のニーズに対応した商品の開発・販売に努めるとともに，当社独自の料率算出・検証システムを稼働させ，保険料率自由化時代に即応

133

第 6 章　制度環境の変化と組織の受動的対応

できる商品開発体制を整備した。（日動火災海上保険株式会社「1998 年度
有価証券報告書」。圏点は引用者による）

　商品開発競争に対応するため，商品開発を担当する新たな部署を設置する
といった組織変革を行う損害保険会社も見られた。
　日新火災海上保険株式会社は，1997 年 4 月の組織改編で，火災新種部，
安全サービス部，自動車部の三つを統合し，新たに商品部を立ち上げた。こ
れは，単種目ごとの商品組織では他社との商品開発競争に乗り遅れると考え
たためで，横断的な商品開発体制の整備を目的としていた[9]。
　東京海上火災保険株式会社でも，商品開発のための新たな組織として，商
品・サービス開発部を 1997 年 7 月に設置した[10]。この組織を設置した意図
として，当時の樋口公啓社長は，次のように述べている[11]。

　　自由化の時代は，どのような業界にあっても，研究開発部門の強化が
　必須の要請となっていますが，当社としても今回，専ら，売り方を含め
　商品開発のみを朝から晩まで考えている，いわゆる「ジーパン部隊」の
　投入を決めました。「ジーパン部隊」とは，服装も，時間も自由にし，
　とにかく過去にとらわれない自由で創造的な発想を生み出せる環境とし
　たいという趣旨であります。

　このような意図のもと，商品・サービス開発部の役割は，新商品・サービ
スおよび販売手法の開発・提案，顧客ニーズの把握，マーケティング手法の
研究と実践とされた。
　また，自由化への対応として商品開発を行う際に，当たり前のように商品
開発によって競争を行っているメーカーのあり方を意識している損害保険会

---

9)　『日新火災海上保険株式会社百年史』611 頁。
10)　『東京海上百二十五年史』426 頁。
11)　『東京海上百二十五年史』426-427 頁。

134

6-3 企業間競争における商品開発の位置づけの変化

社もあった。例えば，日新火災海上保険株式会社では，1998年当時の黒谷孝行社長が，メーカー的な視点からの事業の見直しを意図し，次のように述べている[12]。

　　他産業であれば，商品開発に当たっては，綿密な市場調査を行い，商品の性能・価格・サービスのあらゆる面にわたって，競合他社との差別化・優位性の確保に努め，その商品に見合った販売体制を構築し，さらには最大限市場における認知度・高感度を高めるための努力を行う。

　また，大東京火災海上保険株式会社でも，メーカー的な考え方への転換が図られた。もともと損害保険会社は，差別化されていない商品をいかに多く売るかの販売力で競争していた。それに対し，1998年当時の瀨下明社長は，以下のように述べ，単なる販売会社からの脱却を意図していた[13]。

　　営業担当者が直接マーケットに触って，触ったことが本社に正しく伝わって，そのニーズとかリスクというのが商品になって現場に出ていって，それがまた本社に戻ってくる。そういうプロダクトサイクルみたいなものが自然に会社の中に出来上がらなければいけない。

　このような商品開発の活発化は，次第に社会的な認識として広がっていった。例えば，自動車保険に関しては，多様な特約の開発競争が行われ，それが競争の軸になっていることが認識されるようになっていった。

　　損害保険会社が自動車保険のサービス内容を相次いで拡大している。対人・対物などの賠償金を補てんするだけでなく，代車の使用料や旅先で車が走行不能になった場合の宿泊費など，事故による間接的な損失も

---

12)　『日新火災海上保険株式会社百年史』611頁。
13)　『大東京火災海上史：1913-2001』503頁。

第6章 制度環境の変化と組織の受動的対応

補償の対象とする保険商品が増えている[14]。各社とも保険料自由化に伴う競争激化に勝ち抜くために，自動車保険の商品魅力の向上を急いでいる。(「自動車保険 損保，補償範囲を拡大」『日本経済新聞』1998年6月8日。圏点は引用者による)

　七月一日から損害保険の保険料が自由化されるのを前に，損保会社が新しい商品・サービスの開発競争を繰り広げている。……秋以降に新商品の投入を予定している損保も多く，損保商品は一段と多彩になりそうだ。(「損保商品，種類豊富に」『日本経済新聞』1998年6月29日。圏点は引用者による)

　自動車保険などの損害保険料が一日から自由化されたのを機に，損保各社で特約の充実や部分的な実質値下げなど，「独自性」や「業界初」を強調した商品を売り出す動きが始まっている。……料率などの完全自由化が損保各社に従来の「横並び」から独自色を競う路線にハンドルを切り替えさせることになったようだ。(「『業界初』うたい独自商品わんさか『横並び』解消進む損保業界」『朝日新聞』1998年7月5日。圏点は引用者による)

　このように，自由化によって損害保険会社各社は，それぞれに独自の商品を開発する体制を構築し，商品開発による競争を意図するようになっていった。それに伴い，損害保険の商品の多様化・差別化に対する期待が高まり，商品開発力を高めること，積極的に新商品を開発することが損害保険会社に対して強く求められ，独自性のある商品を開発するということが評価される

---

14)　具体的には，修理中の代車の使用料や走行不能時の帰宅費用などを組み入れた自動車保険（住友海上火災保険），代車の現物給付をする保険（千代田火災海上保険），事故で社内の物品が破損した場合などに保険金を支払う特約の付いた保険（日動火災海上保険）などがある。

136

6-3 企業間競争における商品開発の位置づけの変化

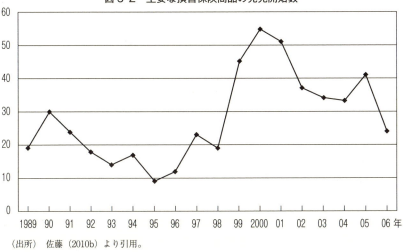

図6-2 主要な損害保険商品の発売開始数

(出所) 佐藤 (2010b) より引用。

ようになっていった。

その結果，1999年から2001年にかけて[15]，特に多くの新商品が発売されることになった（図6-2）。

しかし，それまで商品開発による競争をしてこなかった各社が急激に差別化された商品による開発を軸にした競争を行えるようになったわけではなかった。

自由に商品が開発できるようになる前，各社は「いかに多く売るか」で競争せざるをえなかった。そのため，販売力こそが競争優位の源泉であり，直接顧客への販売を行う代理店，あるいは本社であれば代理店との関係の調整を行う営業部門の影響力が強かった。この考え方は自由化によって環境が大きく変わったとしても容易には消えず，自由化後の新商品開発においてもその評価は販売実績によって行われた。社内では販売優先という意識が強く，商品開発は営業部門の影響を大きく受けていた。

---

[15] 損害保険商品の開発にも一定の期間がかかるため，商品開発が多く行われたのは販売数が増加するよりも前のことである。

137

第6章　制度環境の変化と組織の受動的対応

　一方，営業部門には，競争力のある新商品を期待しつつも，自由化前の発想と同様にとりあえず他社と同じ商品が用意でき，商品が足を引っ張らなければ販売力で競争できるという発想があった。その影響を受けて，開発の現場でも，他社に後れをとらないようにするため，顧客のニーズを意識する以上に他社が発売しているものも含めて保険として成立しうるものを洗い出し，すべてを開発するという考えが強かった。

　つまり，独自の新商品を開発するといいながらも，実際には他社と比較して差別化につながるような商品開発が行われたわけではなかったため，結果的に自社の能力と結びつくことなく多数の商品が開発されることになった。

　もちろん，商品のバリエーションが増えること自体に問題があるわけではない。そもそも，多様化する消費者のニーズに対応することが自由化の目的の一つであり，それに従って多様なバリエーションを持った商品が開発されたことは，自然な帰結であった。

　だが結果として，損害保険業界では開発された商品のバリエーションは，顧客の要求する水準を大きく超えるものになり，商品があまりに多様化・複雑化[16]したため，保険会社の社員ですら十分に商品内容を理解できないほどになってしまった[17]。

　商品のバリエーションが過剰になったということは，事後的に損害保険会社各社が商品の統廃合を行い，バリエーションを削減したことからも伺え

---

16)　さらに，自由化の影響によって保険に付帯するサービスの多様化も進んだ。例えば自動車保険であれば，①賠償交渉に関するサービス，②事故の際のアドバイスなど事故現場での対応に関するサービス，③入院中・退院後のサポートに関するサービス，④事故・故障時のレッカー手配，⑤事故防止のための情報提供など日常生活のサポートに関するサービスなどがある（中出，2012）。

17)　岩瀬（2007）6頁。また，佐藤（2010b）で行った調査でも，インタビューを行った損害保険会社X社で働くサービスセンターのスタッフの1人は，商品内容の複雑さに問題を感じていた。商品が複雑すぎるために，すべてを顧客に説明することが難しくなっているとしていた。さらに代理店経営者らも同じく商品の複雑さに問題を感じていた。特に特約の多さに問題を感じており，細かい特約はいらないのではないか，もっと商品をシンプルにできないかと考えていた。

138

る[18]。

　東京海上日動火災は〇八年度までに，個人向けで七十四ある自動車保
険や火災保険を三十四に，主契約に付け加える「特約」も千七百から八
百五十に減らす。(『日本経済新聞』2006 年 9 月 1 日)

　あいおい損害保険は十月に，自動車保険の特約六種類の販売を停止す
る。事故で新しい車に買い換える際の税金と登録費用を支払う特約や，
代車を無料で使える期間を最大六十日に延長する特約などあまり利用さ
れていないサービスが対象だ。(『日本経済新聞』2006 年 9 月 1 日)

　日本興亜損害保険は九月発売の自動車保険で，特約を四十五から二十
四に減らした。代理店などから意見を聞き，ゴルフでホールインワンを
出したときの祝勝会費用など「自動車保険には要らない」との声が多か
った特約を廃止した。(『日本経済新聞』2006 年 9 月 1 日)

以上のように，自由化によって変化した制度環境に対応して，各社が活発
に商品開発活動を行った結果，顧客のニーズから離れて多様な商品が開発さ
れてしまうこととなった。

6-4　過剰な商品開発のメカニズム

ここまで見てきたような，過剰なバリエーションを持った商品の開発とい
う現象はなぜ生じてしまったのだろうか。
　損害保険業では，自由化により，それ以前と比べて新商品開発によって他
社との差別化を図る余地が広がった。しかしその時点では，どのような競争

---

18)　この背景には，第 7 章で見る保険金の払い漏れの問題がある。

第6章 制度環境の変化と組織の受動的対応

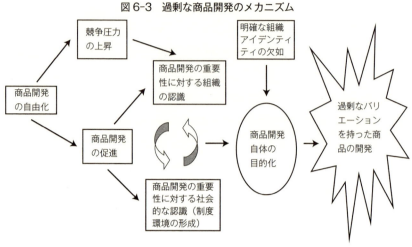

図6-3 過剰な商品開発のメカニズム

（出所）　佐藤（2011c）図2を一部修正。

が行われることになるのかについては，業界内でもあいまいな状況であった。さらに，商品開発力で競争が行われるとしても，どのように新商品開発を行えばよいかに関しては明確でなかったと考えられる。

その中で他社との差別化を行っていくためには，本来，まずは「自分たち自身」についての明確な認識が必要であった。だが，業界のどの企業も本格的な新商品開発競争を経験してこなかったことから，少なくともその側面に関しては明確な組織アイデンティティを持っていなかった。結果，他社との適切な違いをどのようにして生み出すかが明らかにならないまま制度環境の変化に対応しようと商品開発をアピールしながら競争していくこととなった。

しかし，各社が同様の意思決定を行った結果，それぞれの企業も，監督官庁も，顧客も意図していなかったほど，過剰なバリエーションを持った商品の開発という現象が引き起こされた（図6-3）。

この制度環境の変化は規制緩和を引き金として生じた。しかしそれだけで完結したわけではなく，各社がそれに対応しようとしたことにより，次第に商品開発が競争軸として重視され，社会的にも競争軸としても認識されるよ

うになっていった。その結果，商品開発自体が目的化し，不必要と思われるような商品までもが開発されるようになった。

このプロセスは，制度環境と組織の行動の相互作用の中で進展した。損害保険会社は制度環境が変化し，どのような行動が適合的かがあいまいな状況下で行動を選択せざるをえなかった。その中で商品開発活動を行っていったことで，損害保険会社を評価する立場の投資家や顧客も商品開発の重要性を強く認識するようになっていく。このように「商品開発を重視するべきである」という認識が社会的に形成されると，損害保険会社は対外的な正当性を獲得するためそれに対応して行動し，商品開発活動とその成果をアピールするようになる。結果，顧客らの商品開発の重要性に対する認識も強化される。

この継続的に進んだ制度環境の変化に対して，損害保険会社各社が明確な組織アイデンティティを持っていなかったことを考え合わせれば，柔軟に対応できるはずであった。しかし実際には，他社との違いを意識した明確な組織アイデンティティを持っていなかったことが，商品開発競争において他社とどのように差別化していけばよいかを不明確にした。各社がそれぞれ新たに生じた制度環境に適合的に振る舞おうとした結果，顧客のニーズから乖離した過剰な商品バリエーションを含む商品構成を形成するという問題が生じることとなった。

6-5　近視眼的行動の帰結

本章では，損害保険業を対象に，商品開発が顧客の要求する水準を逸脱し，過剰な商品バリエーションが開発されるようになったプロセスについて考察した。

そこでは，制度環境の変化に組織が対応して行動した結果，問題が生じていた。明確な組織アイデンティティが存在しなかったことから，制度環境に適合するような行動を指向するメカニズムのみが強くなり，近視眼的な対応がとられることとなった。しかし，この事象はここで完結するわけではない。

第6章 制度環境の変化と組織の受動的対応

図 6-4 問題の発生に伴う認識の変化

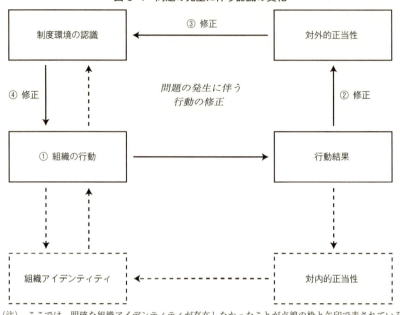

(注) ここでは，明確な組織アイデンティティが存在しなかったことが点線の枠と矢印で表されている。

　制度環境の変化に受動的に対応し，各社が過剰な商品開発を続けたことが原因となって，業界全体に大きな影響を及ぼす問題が引き起こされたのである。
　この問題が発生した結果，組織は商品開発を推し進めることが重要であるという制度環境の認識を変化させざるをえない状況となった（図6-4）。
　結果として，組織は，商品バリエーションを増やし続けるという制度環境への過剰反応のスパイラルから抜け出すことになるが，それは問題の終わりを意味するわけではなく，異なる制度環境への過剰反応のスパイラルが生じる契機となっていた。次章ではこのプロセスについて詳しく見ていくことにしよう。

第7章

制度環境変化への
繰り返される過剰反応

第 7 章 制度環境変化への繰り返される過剰反応

　本章では，前章で見た過剰なバリエーションの商品開発が行われたことを背景として生じた新たな制度環境の変化と，それに対する損害保険会社の対応について扱う。

　自由化の進展により，商品開発による競争の余地が生じたことは，それぞれの損害保険会社にとって業界内の他社と比較したときの自社の独自性を構築する一つの機会でもあった。しかし，実際には前章で見たように，商品開発においては，「他社と同じものを用意する」という意識が強く，競合相手との差別化につながるような組織アイデンティティは構築されなかった。つまり，組織アイデンティティに関しては，自由化の前から状況は大きく変化していなかったと考えられる。

　そして本章の事例で見られるのは，明確な組織アイデンティティを持たない組織が社会に悪影響を及ぼす問題を起こしたときに，制度環境に適合的な問題解決方法を採用することで生じる逆機能のメカニズムである。

　本章での議論を，第 1 章で提示したフレームワークの図と対応させると，図 7-1 のようになる。

　ここで見られたのは，まず，制度環境が非常に明確に認識される状況が生じ（①），組織はそれと適合的な活動を選択せざるをえなくなり，そのような行動が強化されるという事象である（②）。

　前章と異なり，本章の事例では制度環境の変化の結果，どのような行動が制度環境と適合的であるかは明確になっていた。しかし，それが組織の行動に及ぼした影響は前章と類似のもので，すなわち，制度環境と適合的な行動を近視眼的に優先させる圧力として作用していた。その結果，対外的な正当性が過度に意識され，組織の行動と顧客のニーズとの乖離が再び生じることとなった。

　本章で扱うような組織不祥事が生じた局面では，問題への対応が組織外部から強く求められる。組織に批判が集中している局面では，組織外からの要

＊　本章は，佐藤（2010b）をもとに修正したものである。

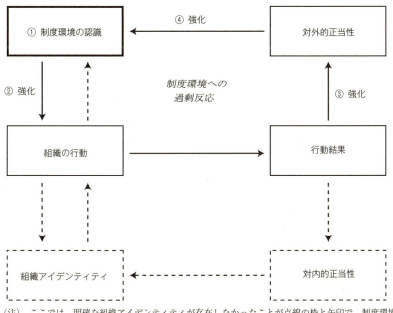

図 7-1 制度環境が明確な状況下での組織の受動的対応

(注) ここでは，明確な組織アイデンティティが存在しなかったことが点線の枠と矢印で，制度環境の認識が非常に明確であったことが太線の枠で表わされている。

求に対応し，批判に応えていかないと存続が危ぶまれることにもつながる。

しかし通常，組織内と組織外では手に入れられる情報に違いがあり，両者の認識する問題の因果関係は異なる。そのため，組織内部で問題の真の原因であると認識されていることと，外部から見て問題の原因であると認識される事柄は異なる可能性が高い。だが組織としては，自らの存続のためには，それが本質的な解決策にはならないとしても，近視眼的に外部の認識する因果関係に基づく対応策を優先せざるをえない。加えてその対応策は，外部から見えやすく，評価もしやすいものでなければならないため，監視機能の強化や手続きの増加などに偏りがちになる。

そのため，問題の本来の原因が業務負荷と処理能力の乖離であるといった，本章のような事例の場合，外部の認識に基づく対応策を推し進めることは問

題の本質的な解決にはならず，むしろ新たな問題の原因となる可能性がある。

　本章では，このようなメカニズムが作用した事例として，損害保険業における保険金の不払い・払い漏れの問題を取り上げる。そこで明らかになったのは，外部の認識に基づいた対応が優先的に行われることで，通常業務の中で手続きに資源配分が偏るという歪みと，本来なされるべき解決策への資源配分の優先順位が下がるという歪みの二つが生じ，これが新たな問題の発生の原因となる可能性につながっていたということである。

　対外的な正当性を獲得するための対応策と本質的な解決策が乖離するという問題は，個別の企業が単独で不祥事を起こした際にも生じうる。しかし，本章で取り上げるケースは，業界全体で生じた不祥事であり，そのことが問題をより難しくしていた。各企業が制度環境と適合的な対応策を打ち出していくと，そのこと自体が社会的な評価の対象となる。この場合に，各社は他社との差別化を意識しているわけではない。むしろ，「他社に後れをとらないように」という同質化を意識した対応かもしれない。しかし，その横並びの意識が，過剰な対応を加速させてしまうことにつながっている。

　本章の構成は以下の通りである。第1節では本章で扱う問題を明らかにする。続く第2節では損害保険業における保険金の不払い・払い漏れ問題の事例を検討する。第3節では，事例分析から明らかにされた現象の理論的意味を検討する。最後に第4節で本章の議論をまとめる。

7-1　組織不祥事と対外的正当性

　組織が不祥事を起こした際には，実際に有効な方策よりも外部から求められる方策に従ってしまうような状況が，しばしば生じる。その理由は，組織は他の組織にさまざまな資源を依存して存在しており（Pfeffer and Salancik, 1978)，外部から資源を調達する上では対外的な正当性の獲得が重要となるからである。

　組織がさまざまな主体との関係の中に存在し[1]，組織の存続がその関係に

かかっていることを考えると，外部からの要請に応えることは重要となる（Oliver, 1990）。外部に資源を依存している組織が，他の組織から最も優先的に獲得しなければならないのは対外的な正当性である。これは，正当性がその他の資源を獲得するためにも重要だからである（Zimmerman and Zeitz, 2002）。

外部からの正当性は，適切な存在であると社会から認識された場合に獲得される。そのため，組織が正当性を獲得するためには，外部からも認識しやすいような，新たな部門の設立，新たな手続きの策定といった対応をとる必要がある。これらの対応は，手続きの重視，文書の重視，専門化といった官僚制組織の特徴を強化するように作用し，それにより正当性を獲得することができる（Meyer and Rowan, 1977）。

特に，本章で取り上げるような組織不祥事を起こしてしまった局面においては，社会からの批判的な圧力が大きくなり，組織の存続を維持するために，より一層正当性を獲得する行動をとることが急務となる（Suchman, 1995）。そのため，比較的一般に受け入れられやすい対応策を優先し，積極的に問題に対応していることをアピールせざるをえない（Ashforth and Gibbs, 1990）。

さらに，この事例で見る損害保険業界のように政府などのモニタリングが厳しい業界では，そうでない業界と比べて正当性獲得のためのシンボリックな行為がよりとられやすい（Ashforth and Gibbs, 1990）。

このように，組織が不祥事を起こしてしまった局面では，監督官庁やマスコミ，顧客など，さまざまな外部の主体によって形成された制度環境に適合的な対応策を講じることで，組織は外部からの正当性を回復することができる。そして，当該組織にとってはどのような対応が求められているのかが非常にわかりやすくなることから，制度環境の認識は明確になる。しかし，本

---

1) 例えば，外部の主体の最も代表的なものが顧客である。製品開発をはじめとして，さまざまな局面で顧客の方向を向く顧客志向の重要性は，多くの研究で指摘されている（Deshpandé, Farley, and Webster, 1993；川上，2005；Kohli and Jaworski, 1990）。

第 7 章　制度環境変化への繰り返される過剰反応

章で見るのは，損害保険会社各社が同じように対応を講じたことが新たな問題の原因となったという事例である。

　この背景には，第 6 章で見た事例と同様に，業界内で多くの企業が独自性としての明確な組織アイデンティティを持っていなかったことがある。

　制度環境が変化し，組織にとって強力なプレッシャーが存在する中で，明確な組織アイデンティティを持たないことから制度への受動的な適応が加速していった。次節以降では，このメカニズムについて考察していく。

7-2　不払い・払い漏れ問題の発生

7-2-1　問題発覚前の業界の状況

　まずは，不払い・払い漏れ問題の背景を確認するために，問題が発覚する以前の損害保険業界の状況を見ておきたい。その特徴は，損害保険固有の商品特性と競争環境によって，過剰なまでに多様な商品が開発され，商品が複雑化したことにある。

　商品が複雑化した理由として，第 6 章で見た自由化後の急激な商品数増大がある。損害保険業界では，かつては各社がほぼ同じ商品を販売し，商品開発による競争が行われていなかった。しかし，1996 年の自由化以後，各社が一斉に商品開発による競争を意識するようになった結果，1999 年から 2001 年にかけて新たに発売された商品数が急激に増加した[2]。

　この時期に各企業が新商品を開発し，それを各企業が模倣したこと，さらに個々の商品の契約は一定期間継続することから，商品のバリエーションは急激に増加した。そのため，あまりのバリエーションの多さに顧客，代理店，さらに損害保険会社自体も全体を理解できないほど複雑なものになり，顧客のニーズのないものまで販売している状況になってしまった。

　自由化の結果，顧客にとっての選択肢は広がったが，それゆえにむしろ商

---

2)　第 6 章図 6-2 参照。

148

品の選択が難しくなった。つまり，問題の背景には，第6章で見た事象が存在していた。

7-2-2　問題の発覚と金融庁による指導および各社の対応

以上のような背景がある中で，保険金の不払い・払い漏れ問題が生じた。マスメディアなどで問題が盛んに取り上げられたのは2006〜2007年頃である。では，その問題はどのようなものであり，問題が明らかになった際に各企業はどのように行動したのか。これを明らかにするため，問題の発覚とその後の対応について見ていく。

第3章で見たように，損害保険業における保険金の不払い・払い漏れ問題とは，第三分野保険あるいは自動車保険等において保険金が本来支払われるべきなのにもかかわらず支払われていなかったものである。

これに対し監督官庁である金融庁は，問題が生じた理由として，不払いの問題に関しては，(1)支払管理態勢の問題，(2)商品開発管理態勢の問題，(3)内部監査の問題の3点をあげ，それに対する改善策として，(1)支払査定マニュアル・規程等の整備，(2)第三分野商品の支払査定担当者等への研修・教育の強化，(3)不払事案の検証態勢の整備，(4)苦情事案への対応，(5)支払査定業務の効率化，(6)内部監査態勢の強化の6点をあげている（金融庁報道発表用資料，2007年3月14日）。

一方，付随的な保険金の払い漏れに関しては，商品発売前の段階での商品部門と関連部門間で行われるべき事前準備，ルール策定が不十分であること（①商品開発時の社内連携の問題），顧客に対して，商品内容や保険金請求についての説明が不足していること（②顧客に対する周知の徹底の不足），保険金の支払業務に意識が集中し，顧客への保険金請求の案内や確認が不足していたこと，および査定のマニュアルが十分整備されていないこと（③支払部門における問題），支払漏れをチェックしたり防止したりするような支払いのためのシステムが十分整備されていないこと（④システムの問題），点検・監査およびその結果の報告が不十分であること（⑤点検・内部監査等の問題）をあげ

149

第 7 章 制度環境変化への繰り返される過剰反応

ている（金融庁報道発表用資料，2005 年 11 月 25 日）。

さらにこのような認識のもと，問題が判明した 26 社に対し金融庁は，①経営管理（ガバナンス）態勢の改善・強化，②顧客に対する説明態勢の見直し・整備，③商品開発態勢の見直し・整備，④支払管理態勢の検証・見直しを行うよう行政処分を行った（金融庁報道発表用資料，2005 年 11 月 25 日）。

以上の資料から，金融庁は問題の原因として，管理体制，監査，ルールなどの整備が不十分であったと考えていたことがわかる。そのため，対策として管理体制の見直しやマニュアルの整備を指導している。

これを受けて，2006～2007 年頃に，損害保険会社各社は，それぞれ対応策を講じた。各社の対応策も管理機能の強化に集中しているが，この最も大きな理由は金融庁の影響である。業務改善命令が管理体制を中心とするものであり[3]，それを十分に踏まえた対応策を決める必要があったために，管理機能の強化を中心としたものになっている。さらに社会からの信用を大きく損なっているという状況に対し信用回復を図る必要もあった。そのため，外部からの認識に基づき適切であるとみなされるような対応策が立てられ，実施された。

では，実際にはどのような対応策がとられたのだろうか。各社がとった対応策を明らかにするために，ここでは大手損害保険会社 3 社が公表している対応策[4]，およびインタビューを行った X 社の事例を見ていく。

大手損害保険会社各社のニュースリリースによって発表された対応は，金融庁の指導に従い「管理の強化」を重視したものになっており，コンプライアンス，内部監査，品質といった言葉がキーワードとして多用されている。

さらに，管理の強化は組織の改変，チェックの強化，説明不足の解消，社員教育の実施，といったサブカテゴリーに分けることができる（表 7-1）。

---

3) 金融庁報道発表用資料，2005 年 11 月 25 日。

4) 各社の具体的な対応についてより詳しくは表 7-1 を参照。これは，大手 3 社が不払い・払い漏れの問題に関して発表したすべてのニュースリリースを検討し，筆者が作成したものである。

150

7-2　不払い・払い漏れ問題の発生

　組織の改変としては，新たな部門，委員会の設立があげられる。コンプライアンス，内部監査，支払審査，品質管理といった問題に関する新たな部署や委員会が設立されている。また，トップと現場のコミュニケーションを強化するような仕組みも作られている。

　　　新たに損害サービス部門における保険金の支払いなどの業務の適正性を点検・監視する部署を「コンプライアンス部」に設置し，中立的な立場から牽制する機能を強化します。(東京海上日動火災保険株式会社，2006年1月3日)

　チェックの強化としては，システムに原因を求め，システムを改善する，支払いの審査のための人員を増やす，支払いを担当する損害サービス部門で用いるマニュアルを改善する，チェックシートなどを用いてチェックの手続きを増やす，といったものがあげられる。

　　　再発防止のためのチェックシートを活用するとともに事務フローの見直しを実施し，チェック体制を強化いたしました。(株式会社損害保険ジャパン，2005年9月5日)

　説明不足の解消は，販売現場である代理店の改善を行おうとするもので，案内のための資料をわかりやすいものに改善する，代理店研修を行う，契約時の確認を徹底するといったものである。

　　　あんしんマップ(「ご契約内容確認書」)の使用により，契約締結時におけるお客様のご契約に関するご意向およびご契約内容・保険料の確認をおこなっています。(東京海上日動火災保険株式会社，2007年7月13日)

　社員教育の実施では，商品や業務の知識だけでなく，コンプライアンス意

151

第 7 章　制度環境変化への繰り返される過剰反応

表 7-1　ニュースリリース

	組織の改変	チェックの強化
東京海上日動火災保険株式会社	新たに損害サービス部門における保険金の支払いなどの業務の適正性を点検・監視する部署を「コンプライアンス部」に設置し、中立的な立場から牽制する機能を強化します。(2006 年 1 月 3 日)	保険金支払部門の要員につきましては、2006 年度・2007 年度の 2 年度で約 600 名の要員増強をおこなうこととしています。(2007 年 4 月 13 日)
	適正な業務運営の徹底に向けて、部門横断でスピーディーに課題解決に取り組むため、社長を委員長とする取締役会委員会「業務品質改善委員会」を 2006 年 9 月 1 日付で設置しました。(なお、事務局として経営企画部内に新たに「業務品質改善室」を設置しました。)(2006 年 9 月 29 日)	保険金をお支払いする際には、「保険金のお支払いに関するチェックシート」により担当者がチェックした後に上司が再度チェックをおこなうダブルチェックを励行し、漏れなくお支払いする手続きを行います。(2006 年 1 月 3 日)
		現行の支払事務に関連する規定・マニュアルについては、付随的な保険金の支払漏れを防止するという観点から、基本となる損害保険金と費用保険金等の付随的な保険金の相互の関係を明示する形式に改め、……(2006 年 9 月 29 日)
		システム機能のレベルアップを図り、ご案内漏れの再発防止に努めてまいります。(2005 年 8 月 16 日)
三井住友海上火災保険会社	業務運営、内部監査、コンプライアンス取組状況を検証する、監査委員会を新設します。(2006 年 7 月 21 日)	178 名の要員を各損害サービス部に増員配置することを決定し、9〜11 月累計で 218 名の増員となりました。(2006 年 10 月 20 日)
	商品開発、募集、契約保全、保険金支払など、当社業務の各段階においてお客さまアンケート等により情報を収集し、当社の業務運営の適切性について事後検証を行い、必要な改善策を自らまたは関係部と連携して策定し、その実施を管理する組織として「企業品質管理部」を新設します。(2006 年 7 月 21 日)	保険金支払いに係る通知・説明に関する規定・マニュアル、説明文言等の整備を行いました。また、第三分野商品（疾病補償商品）に共通で最も基本的な事項である「発病日の判定」と「告知義務違反」に関する実務について、約款の解釈と判定基準の詳細を定めたマニュアルを作成しました。(2006 年 8 月 21 日)

から見る各社の対応

説明不足の解消	社員教育の実施
パンフレット等の資料について，お客様に対して，どのような保険金が付随しているのかをわかりやすく解説したものとなっているか，検証を行い，問題があるものについては直ちに見直しを行うこと。（2006年9月29日）	定期的におこなっている損害サービス部門におけるコンプライアンス研修およびその他各種担当者研修に，費用保険金等に関するテーマを盛り込み……（2005年9月7日）
あらためて代理店さん・社員に対し，支払われる保険金等についてのお客様への十分な説明の必要性について，代理店オンラインや社内放送等を通じて，指導・教育していきます。（2006年9月29日）	各種研修等の場において，付随的な保険金の支払漏れを防止することや「お客様に，お支払い対象となる保険金を漏れなくご案内し漏れなくお支払いする」といった保険会社としての基本姿勢の再徹底に努め，その浸透を図っていきます。（2006年9月29日）
あんしんマップ（「ご契約内容確認書」）の使用により，契約締結時におけるお客様のご契約に関するご意向およびご契約内容・保険料の確認をおこなっています。（2007年7月13日）	
保険の専門用語を極力排除。お客さま向けのパンフレット等から，わかりやすい言葉に変えていきます。（2007年5月2日）	今回対象となった費用保険金等をテーマとした研修を実施し，また，損害サービス部門で定期的におこなっている集合研修において研修テーマに盛り込み，……（2005年9月20日）
商品説明，重要事項説明や満期管理の徹底などお客さまの立場からの適正募集に関する教育を全代理店対象に継続研修プログラムとして推進しています。（2006年12月21日）	コンプライアンス部のメンバーが講師となった社員研修や，コンプライアンス部地域担当部長が各ブロック本部部長会に出席してのコンプライアンス指導を実施しています。（2006年10月20日）

第7章　制度環境変化への繰り返される過剰反応

三井住友海上火災保険会社	国内外における保険募集に関するコンプライアンス事項を一元的に管理する「(新)コンプライアンス部」を設置し，適切な保険募集や顧客説明をおこなうための社員及び代理店に係る管理態勢の確立を図ってまいります。(2006年8月21日)	主たる保険金をお支払いする際に，あわせてお支払いできる費用保険金について，お客さまへのご案内がもれないよう，システムによるチェック機能の強化，保険金支払い状況をモニタリングするシステムの構築，……(2005年8月16日)
	経営と第一線とのミーティングの機会を拡大するなど全社的なコミュニケーションを強化し，会長・社長および本社担当役員が，第一線で発生している重要課題を的確に把握する態勢を強化します。(2006年7月21日)	
株式会社損害保険ジャパン	保険金等支払管理部門であるサービスセンター企画部がおこなっていた保険金等支払部門に対する内部管理態勢を強化するため，「サービスセンター業務管理部」を新たに設置しました。(2006年2月3日)	昨年9月から全国の保険金等支払部門において，お支払い内容のチェック強化を目的として，専任スタッフを183名増員し，二重でチェックする体制といたしました。また，保険金等支払業務の管理態勢強化(チェック機能強化)のため，保険金等支払部門における管理範囲等の見直しを行い，組織体制を増強いたします。(2006年2月3日)
	適正な業務運営態勢の整備に経営陣が関与する体制を強化するため，経営会議の諮問機関である「経営品質向上委員会」の直轄組織として「サービスセンター品質向上小委員会」を設置しました。(2006年2月3日)	第三分野商品に係る社内マニュアルなどを改定のうえ，始期前発病等の詳細な取扱を明確化するとともに，保険金支払部門や営業部門の職員に周知徹底しました。(2006年10月31日)
	内部監査・法令等遵守および不祥事件対応の3つの側面に「社外の目」を取り入れるため，「業務監査・コンプライアンス委員会」を設置し，より透明性が高く公正かつ適切な業務運営を確保します。(2006年6月26日)	再発防止のためのチェックシートを活用するとともに事務フローの見直しを実施し，チェック体制を強化いたしました。(2005年9月5日)
	本社担当役員が年1回すべての部・支店を訪問し，第一線の実務担当者と自由な意見交換を行い，第一線が直面する業務運営上の課題やその解決に向けた対策を一緒に考える機会を設けます。(2006年6月26日)	主たる保険金のお支払い時に，費用保険金などがお支払い対象となる場合にシステム上での「警告表示」を実施し，さらに昨年12月末に，費用保険金などのお支払い状況を最終確認するシステム機能を完備しました。(2006年2月3日)

（出所）　佐藤（2010b）表1を一部修正。

7-2 不払い・払い漏れ問題の発生

お客さまへの重要事項説明，顧客意向確認等を徹底するなど募集管理態勢の強化を進めてまいりました。（2007 年 2 月 23 日）	
募集パンフレットなどについて付随的な保険金のお支払い漏れを防止するといった観点で検証・改訂をおこなうとともに，補完する対応として，主要商品である自動車保険，火災保険，傷害保険について主な保険金の内容の説明用チラシを別途作成し，募集パンフレットとともにお客様へお渡しします。（2006 年 2 月 3 日）	研修・教育（集合研修の実施，社内資格試験・通信講座の拡充，OJT 支援）体制の更なる整備を行い，保険金等支払部門の社員教育の更なる充実を図っていきます。（2006 年 2 月 3 日）
すべての代理店を対象とするコンプライアンス研修（「第三分野商品の適正な募集のために」）を実施しました。（2007 年 3 月 26 日）	専門部署を設置して，保険金支払部門の研修を強化し，研修効果を測定するとともに，判例の動向や技術・医学の進歩等に対応して研修内容を見直すことにより，担当者の支払査定能力をより高めていきます。（2006 年 6 月 26 日）

155

第 7 章　制度環境変化への繰り返される過剰反応

識の徹底のための研修が行われている。

　　コンプライアンス部のメンバーが講師となった社員研修や，コンプラ
　イアンス部地域担当部長が各ブロック本部部長会に出席してのコンプラ
　イアンス指導を実施しています。（三井住友海上火災保険会社，2006 年 10
　月 20 日）

　以上が，大手 3 社がニュースリリースによって対外的に報告をした対応策
だが，より具体的な，実際にとられた対応策の内容を明らかにするため，次
に損害保険会社 X 社およびその代理店のケースを紹介する[5]。
　X 社では具体的な対応として，多重化によるチェックの徹底が行われた。
そこでは紙ベースとコンピュータ・ベースを併用したチェック体制が敷かれ
ることとなった。チェック・プロセスは，①チェックシートを用いた，担当
者によるチェック，②損害サービスセンターの責任者によるチェック，③地
域の管理部門でのチェック，④本社でのサンプリングによるチェック，とい
った内容であった。また，チェック機能強化のための組織を設置し，人員も
徐々に増員された。
　代理店においてもチェック機能が強化された。説明漏れ防止のために損害
保険会社が用意し，代理店が用いるツールとして，契約内容の確認書がある。
これは，説明すべき項目がチェックリストになっており，顧客に確認しなが
ら一つずつチェックしていくというものである。具体的には，運転者の年齢
や補償の対象となる運転者の範囲，車の装備などについて顧客に確認しても
らい，一つ一つチェックする。
　これらの対応策は，基本的には管理・チェック体制の強化に属するもので
あり，各社とも類似のものが採用されていた。

　5）　以下の事例はインタビューに基づく。対象の詳細については第 3 章を参照。

7-2-3 組織メンバーの業務負担の増加

　以上のような対応策は，組織メンバーにどのような影響を及ぼしたのだろうか。対応策のうち，特に現場での日常の業務に影響を与える「説明不足の解消」と「チェックの強化」に焦点を当て，業務にどのような変化が生じたのかを見ていく。

　組織メンバーへの影響を考えるためには，まず，業務の特徴を見る必要がある。代理店や損害サービスの現場を考える場合の前提として，損害保険商品は喜んで契約するようなものではないため，商品内容を説明したくても顧客はなかなか聞いてくれないという事情がある。顧客が説明を聞いてくれる時間というのは5〜10分程度であり，それ以上説明しようとしても顧客は飽きてしまうという[6]。そのため，顧客とコミュニケーションをとるための工夫が必要となる。

　代理店における説明の工夫は，①イメージをわかせる，②説明事項の優先順位をつける，③顧客ごとに説明のスタイルを変える，というものである。

　たいていの顧客には文章情報はなかなか読んでもらえない，というのが代理店経営者の共通した認識であった。そのため，パンフレットの中でもイラスト，表などの視覚に訴える部分をうまく活用している[7]。加えて，自分がこれまでに経験した事例などから具体例を出して説明することも多い[8]。例えば，火災保険の契約時に，家財などの補償にまで意識がいかない顧客もいる。そういった場合には，家財としてたいしたものを持っていないと感じていても予想以上に多くのものがあること，火災事故にあってしまった場合に，すぐに生活に必要になるものもあることなどを具体的に説明しているという[9]。

---

6) A氏，2007年10月22日；B氏，2007年10月24日；C氏，2007年10月24日。

7) B氏，2007年10月24日；C氏，2007年10月24日；D氏，2007年10月24日。

8) A氏，2007年10月22日；B氏，2007年10月24日。

第7章　制度環境変化への繰り返される過剰反応

　また，時間の制約がかなり厳しい中で，顧客に必要な情報を伝えなければ
ならないため，損害保険会社から与えられた保険商品の情報の選択・整理を，
顧客とのインタラクションの中から優先順位を判断して行っている。例えば，
火災保険では落雷などによる事故も補償される場合がある。しかし，火災保
険は「火災」のみに対する保険であると認識している顧客も多く，それ以外
の場合については意識されないことが多い。そのため，このような忘れられ
がちな事項に関しては丁寧に説明するという[10]。

　加えて，顧客の多くは細かい説明をあまり好まず，代理店の担当者に任せ
てしまいたいと考えている。しかし，中には説明を求めるタイプの顧客もい
る。また，顧客ごとに保険商品に関する知識も異なる。そのため，例えば詳
しい説明を求める顧客に対しては細かい資料を用意して対応する，といった
顧客ごとの対応を行っている[11]。

　損害サービス部門でも，工夫を行っている。新人であればマニュアル通り
の説明しかできないところでも，経験を積むことによってマニュアルから応
用を利かせることができるようになる。そのため，「どうして保険金を支払
うことができないのか」を顧客に納得してもらえる形で説明することができ，
不要なクレームを避けることができるようになるという[12]。さらに，保険
金支払時にチェックしなければならない項目について，逐一チェックをして
いくという形をとらない。必要な項目をさりげなく顧客との会話の中に取り
込むことにより，チェック漏れを起こすことなく，チェックされているとい
うことを顧客に感じさせずに情報を聞き出すことができるようにしてい
る[13]。

---

9)　B氏，2007年10月24日。

10)　B氏，2007年10月24日。

11)　A氏，2007年10月22日；B氏，2007年10月24日；C氏，2007年10月24日；D氏，2007年10月24日。

12)　H氏，2007年9月14日。

13)　E氏，2007年9月14日。

7-2 不払い・払い漏れ問題の発生

　このようにさまざまな工夫を行っているにもかかわらず，代理店や損害サービスの現場では，チェック機能の強化によって新たな課題が生じているという声があった。

　代理店経営者によると，事務処理量がチェック機能の強化以前と比べて2～3割，人によっては倍以上に増えていると感じており，すべての作業を一人でこなすのは困難だ，と考えていた[14]。さらに，事務作業の負担が増加して忙しくなりすぎたために，以前よりも作業におけるエラーが増えてしまう危険も感じられていた[15]。また，チェックが形式化する危険もあるのではないかとも感じていた[16]。この作業量の増加は代理店側だけでなく，顧客の側にも事務作業量の増加による負担増を強いており不満が出ていた[17]。

　このように，必要なチェックでも長い説明は顧客の不満を生んでしまうため，限られた時間の中で商品の説明をし，顧客に確認を求める作業までのすべてをこなすことは，以前と比べてもより困難になっていた。

　損害サービス部門でも，同様の事務処理の課題が感じられていた。費用保険金の払い漏れを防ぐためのチェックシートが準備されていたが，チェックすべき項目が多すぎ，一つ一つはそれほどの負担にはならなくても，多くの案件を抱えるスタッフにとってはトータルとしては負担になっていた[18]。作業量は増加したと感じられており[19]，スタッフによっては以前と比べて作業の負担が倍程度になったと感じていた[20]。また，チェック自体の必要性は認識しつつも，業務としては負担であり[21]，チェックシートを整理して必要な項目を絞ったり，内容の重要度によって優先順位をつけたりするな

---

14) C氏，2007年10月24日；D氏，2007年10月24日。
15) C氏，2007年10月24日。
16) D氏，2007年10月24日。
17) C氏，2007年10月24日；D氏，2007年10月24日。
18) F氏，2007年9月14日。
19) E氏，2007年9月14日。
20) H氏，2007年9月14日。
21) H氏，2007年9月14日。

159

第 7 章　制度環境変化への繰り返される過剰反応

どの改善の余地があると感じているスタッフもいた[22]。

さらに，事務に時間をかけすぎて折衝の時間を減らすわけにはいかない[23]，という声に表れているように，チェック作業の増加により必要とされる時間が増え，本来の業務である顧客とのコミュニケーションに時間を配分するなどのバランスをとることが以前に比べて困難になっていた。

7-3　対外的正当性獲得行動のジレンマ

7-3-1　業務の負荷と問題の発生

本章で見た事例で，損害保険会社各社は制度環境の変化に対応し，新たに形成された制度環境に適合するような問題への対応策を打ち出していた。しかし，問題への対応自体が，商品改善の優先度の低下，確認作業による組織メンバーの負担の増加を通じて，それまで以上に顧客とのコミュニケーションを難しくし，エラーの可能性を高めるという新たな問題の原因となっていた。この裏側にあるのは，問題の因果関係とは独立に対応策が決められているということである。

前章で取り上げたように，当時，各社はすでに，商品が複雑になりすぎ，業務を行う上で処理すべき情報量が過剰になっていたため，商品説明を中心とする顧客とのコミュニケーションが困難になるという問題を抱えていた。そのことが原因となって，不払い・払い漏れという問題を生じさせてしまったのであるから，それへの対応としては，情報処理能力を高めるか，処理すべき情報量の削減が講じられるべきであったと考えられる（Galbraith, 1973, 1974, 1977）。

他の業務に費やす時間をそのままにして顧客とのコミュニケーションの時間だけを延ばすことは困難であるから，商品を簡素化することで情報処理量を減らすという方法が選択肢としてはありえた。にもかかわらず，実際には

---

22)　G 氏，2007 年 9 月 14 日；F 氏，2007 年 9 月 14 日。

23)　F 氏，2007 年 9 月 14 日。

7-3 対外的正当性獲得行動のジレンマ

より情報処理の負担が増加する管理機能の強化という選択肢がとられた。

それではなぜ不払い・払い漏れ問題への対応策が管理機能の強化に集中したのだろうか。商品の複雑さに対する認識があったことは現場の認識として確認できるため[24]，複雑すぎるという問題を見過ごしていたわけではないと考えられる。むしろ実際に生じていたのは，複雑さを認識していたにもかかわらず，それを削減する以外の対応策を優先する必要があったという状況であろう。

業務改善命令が出され，社会的な信用も失っていた状況下では，早急に対外的な正当性を回復することが必要となり，そのための対応策が優先されることとなった。さらにその対応策は，組織内部と外部の情報の非対称性により，現場が認識する問題の因果関係とは独立に，外部の主体が認識する因果関係に基づいて決定される。

対外的な正当性は，社会において適切であるとされる基準に，組織が適合していると判断される場合に獲得される。しかし，通常，組織とその外部とでは当該組織に関して保持する情報に差があり，行為の正当性に対する判断は一致しないことも多い。

そのため，組織が対外的な正当性獲得を試みる場合，外部の主体の認識，つまり他者の視点をいかに取り込んで利用できるかが問題となる。認識を誤ると，過小反応により正当性獲得に失敗する，あるいは過剰反応により正当性獲得行動の逆機能が生じる，という問題が発生する。

本章の事例で問題となるのは後者である。ここでとられた管理機能の強化という対応策は，直接・間接に二つの影響を顧客とのコミュニケーションに対して及ぼすと考えられる。直接の影響としては，限られた時間の中でチェックに費やす時間が増えることから説明や折衝に使う時間とのバランスをとることが以前よりもさらに難しくなるということがインタビュー結果からも確認された[25]。間接的な影響は，管理機能の強化に意識が集中し，人員・

---

24) F氏，2007年9月14日；B氏，2007年10月24日；C氏，2007年10月24日；また，第6章も参照。

161

第 7 章 制度環境変化への繰り返される過剰反応

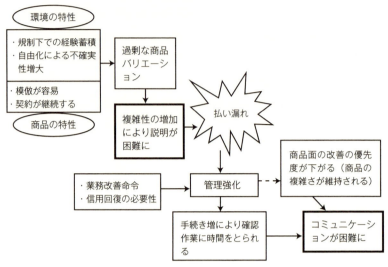

図 7-2 問題の発生と対応策の結果

(出所) 佐藤 (2010b) 図 2 より引用。

資金も費やされることで，商品の見直しなどの改善策の優先度が下がり，商品の複雑さが維持されることでコミュニケーションの困難さも維持されてしまうというものである。管理機能の強化に資源が投入されていることは前述の各社のニュースリリースから確認できる[26]。企業の資源が有限であるということを前提とすれば，その他に割ける資源は限られることになる。

これら直接・間接の影響により，管理機能の強化を積極的に推し進めるほど，新たな課題が生じるという構図になっていたのである。

これまで見てきたメカニズムをまとめると，図 7-2 のようになる[27]。

---

25) C 氏, 2007 年 10 月 24 日；D 氏, 2007 年 10 月 24 日；E 氏, 2007 年 9 月 14 日；F 氏, 2007 年 9 月 14 日；G 氏, 2007 年 9 月 14 日；H 氏, 2007 年 9 月 14 日。
26) 表 7-1 を参照。
27) 本章では，問題を生じさせた組織による対応に焦点を当てている。しかし，実際には監督官庁やマスコミといった組織も，それぞれ正当性を維持することが

7-3 対外的正当性獲得行動のジレンマ

　コミュニケーションの困難さが維持される中で，各社は第6章でも触れたように，商品数の削減も行っていく。商品数の削減は顧客とのコミュニケーションの中で求められる情報処理量を削減することにつながり，コミュニケーションの困難が緩和されることが期待された。

　商品数の削減以外に実際に見られた例としては，顧客とのコミュニケーションを強化するようなツールの開発がある[28]。これは，限られた時間の中で顧客に損害保険契約の持つ膨大な情報を伝達するのが困難である状況に対して，契約内容や保証が不十分な部分を視覚的に確認できるようにすることで，必要な情報の伝達を容易にするものである。

　木下（2008）では，「ご契約内容確認マップ」と呼ばれるツールを用いて自動車保険の商品説明を行った結果について検証している。そこで明らかにされているのは，ツールの使用によって「契約時の説明のわかりやすさ」や「契約時の説明の十分度」が改善されるということである。

　つまり，商品数を減らすことで必要な情報処理量を削減するだけでなく，情報処理の能力を高めることでもコミュニケーションの困難さは緩和できると考えられる。

　このように，事後的に考えればいくつかの対応策があったように思えるのだが，この問題の重要な点は，当事者の立場からすると，当時，短期的にはコミュニケーションの困難さを緩和するような対応に集中することはできず，管理の強化といった対策をとらざるをえなかったというところにある。

必要だと考えるのが自然である。マスコミは，企業が問題を起こした場合には，厳しい批判を行うことが期待され，それによって社会から正当性を獲得することができる。一方，監督官庁は監督下の組織が問題を起こした場合には，監督責任を問われ，自身の正当性も危機に陥ることになる。この場合，組織に対し，早急に対策をとるよう指導することで社会に正当性をアピールすることができる。このように，問題を起こした組織以外の主体もそれぞれ正当性の獲得を目的とした行動をとることで，企業が近視眼的に行動しなければならない状況はより強化されると考えられる。

28)　以下の事例については木下（2006, 2007, 2008）を参照。

163

第7章 制度環境変化への繰り返される過剰反応

図7-3 対外的正当性獲得行動のジレンマ

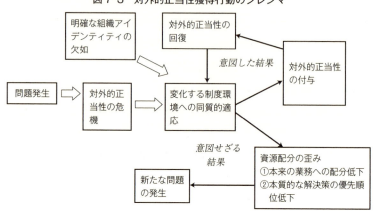

(出所) 佐藤 (2010b) 図3を一部修正。

7-3-2 対応の意図せざる結果

以上の議論は，制度環境と適合的であろうとするために生じる二種類の資源配分の歪みとして考えることができる。一つは，管理の強化が直接にもたらすもので，確認手続きなどに優先的に資源を配分することにより，本来の業務に対する配分が削減されるというものである。もう一つは，管理の強化に対して優先的に資源を配分することで，本質的な解決策に対する資源配分の優先順位が下がるというものである。

ここで重要なのは，問題を生じさせた組織は，より一層制度環境に受動的に従った行動をとり，それによって対外的な正当性を回復しようとすることが必要となるが，まさにその行動ゆえに新たな問題が生じうるということである。

組織が不祥事を引き起こしてしまった状況下では強いプレッシャーが存在し，組織はそれに従わざるをえない。だが，そのような与えられた状況下ではとらざるをえない対応策が意図せざる結果 (Merton, 1936) として新たな問題を生むというジレンマがそこには存在する。

さらに同じような状況におかれた他社も類似の行動をとった。そのため，

本質的な対応でなくともライバルに後れをとらないように，制度環境の要素に適合的であることを外部に対してアピールすることになった。そのことが意図せざる結果から生じる問題を拡大させることにつながった。これらをまとめると，図7-3のようなモデルになる。

　この事例で見られたような制度環境と適合的な行動が明確なケースでは，組織としては短期的にはそれに対応せざるをえないことが往々にしてある。ここではさらに，明確な組織アイデンティティが存在しなかったことから，各社とも他社との適切な違いをどのように打ち出せばよいか案出できなかった。そのため，制度環境に適合的な行動を選択する圧力がより高まり，本質的な対応をとることがより難しくなっていたのである。

7-4　組織アイデンティティの欠如がもたらす同質的行動

　本章では，損害保険業における保険金の不払い・払い漏れの問題を題材に，制度環境が明確な状況下での対応が新たな問題の原因となるメカニズムについて検討してきた。

　そこから導き出される本章の主な主張は，組織不祥事の再発防止策決定において制度環境の変化への対応として近視眼的行動をとらざるをえなくなること，そしてその意図せざる結果として資源配分の歪みが生じ，新たに問題が発生するという正当性獲得行動のジレンマである。

　このジレンマは，今回検討した事例に限らず生じうる。組織が問題を起こせばマスコミは大きく取り上げることが多い。また，自動車あるいは航空関連会社であれば国土交通省，医療機関・食品関係企業であれば厚生労働省，といったように，問題を起こした組織に対し監督官庁が指導を行うということも多く見られる。そういった状況下では，同様のジレンマに陥る可能性がある[29]。

---

29) 類似の問題が生じた事例として，樋口（2012）では，中国電力島根原発点検時期超過事件をあげている。これは，同社の保修部門の人的資源不足が問題の背

165

第7章　制度環境変化への繰り返される過剰反応

　本章で見てきた保険金の不払い・払い漏れの問題の発生は，結果として商品開発に関する過剰な競争の問題を明らかにし，それへの対応の契機となった。

　しかし同時に，変化した制度環境への対応として各社が近視眼的に行動することとなった。つまり，既存の問題への本質的な対応を可能にした要因が，新たな問題を発生させてしまったのである。

　景にあったにもかかわらず，点検の必要のない機器まで新たに点検項目に追加され，人的資源不足がさらに悪化してしまったという事例である。

第 **8** 章

結論と課題

第8章 結論と課題

8-1 ここまでの議論の整理

　本書でここまでに取り上げた事例は，同一の産業を対象としながらも異なる時点の異なる事象を扱っている。そのため本章では，まずそれぞれの事例の議論を整理し，その上で本書全体の結論とインプリケーション，そして残された課題について述べることとする。

　第4章では，大きな制度環境の変化が生じていない局面を取り上げ，制度環境との適合を組織メンバーのレベルでどのように確保しようとしているのかを検討した。組織にとって制度環境に適合的であることは対外的な正当性の獲得につながるため，組織メンバー個人にもそのための行動が求められるようになる。明確な組織アイデンティティを持たない中で，組織メンバーはコンフリクトを引き起こす制度環境の要素をうまく利用しながら行為を組み立てていた。

　第5章では，変化する制度環境への対応の中で行われる商品開発を事例として取り上げた。新たな制度が策定されるプロセスを通じて，損害保険会社としての組織アイデンティティをもとにいかに組織が自分たちに有利な制度環境を形成していったのかを明らかにした。この事例は，能動的に制度環境の変化に関与することで成功した事例であった。

　第6章と第7章では，他社との違いを意識した明確な組織アイデンティティが存在しない場合に，制度環境の変化に対応しようとした組織が問題に直面する事例について検討した。まず第6章では，制度環境に適合的な行動があいまいな状況下での事例を扱った。そこで見られたのは，明確な組織アイデンティティを持たない組織が，環境変化に対して一斉に同質的な行動をとってしまうメカニズムであった。それはまた，制度環境の確立に，組織自身の行動が意図していなかったような影響を与えているプロセスでもあった。制度環境と組織の行動の相互作用の結果として，問題が生じていた。

　第7章では，業界レベルで不祥事が起こり早急に対応が必要であるという，

168

制度環境に適合的な行動が明確な状況を扱った。そこでは，短期的には本質的ではなくても制度環境と適合的であるとみなされるような対応を組織がとらなければならないこと，そしてそれにより組織内部での資源配分の歪みが生じ，意図せざる結果として，また新たな問題が生じることを指摘した。

　本書の中心となる問題意識は，明確な組織アイデンティティを持たない組織が制度環境の変化に対応しなければならなくなったとき，どのような問題が生じるのかということである。そのため，そのような状況を扱った第6章および第7章が議論の中心であり，第4章・第5章はそれらとの比較のために位置づけられている。

　既存研究の議論からは，制度環境の変化に対して明確な組織アイデンティティが存在しない場合のほうが慣性の原因となる要素が少なくなり対応が容易になると想定された。しかし，第4章と第6章および第7章の比較から，明確な組織アイデンティティが存在しないことが，制度環境が変化していない局面以上に，変化している局面で問題を引き起こす可能性があることが明らかになった。

　第5章は，制度環境の変化に対して明確な組織アイデンティティを持っている組織がうまく対応したケースである。ここでの組織アイデンティティは，「損害保険会社である」ということ自体から生まれているものであった。これは同じ損害保険業界内での競争を考える場合には他社との違いを生み出す「自分たちらしさ」にはならないが，第5章の事例では競合相手が他の業界の会社も含んでいたために，「損害保険会社である」ことが彼らの意思決定を考える上で重要な意味を持つことにつながっていた。既存研究からは明確な組織アイデンティティが存在する場合ほど制度環境が変化する局面での対応が困難になると考えられるが，この第5章と第6章および第7章の比較からはそれとは異なり，明確な組織アイデンティティが存在しないことが問題を引き起こす可能性があることが示唆された。

169

第8章　結論と課題

8-2　自己と他者の適切な差異

　制度環境への適合と組織アイデンティティへの適合は，組織にとってはどちらか一方だけが重要というわけではない。そのため，制度環境との適合性があり，対外的な正当性を獲得できるような組織アイデンティティを確立することが，組織を安定的に運営する上での一つの解になる。業界を問わず，優良企業といわれるような組織は，社会的に評価されるような基準において他の組織との差別化に成功している。このような場合には，組織は他者との適切な差異を構築することに成功しているといえる。本書で見てきたのは，それがうまくいかなかった事例として考えることができる。

　規制緩和や業界レベルでの不祥事の発生は，制度環境の変化をもたらす。その場合，組織は，対外的な正当性を獲得するため変化に対応しなければならない。しかし，業界に属する多くの組織が他社との違いを意識した明確な組織アイデンティティを持っていない場合，つまり自己の独自性が明確でない場合には，どのようにして適切な他者との差異を構築するのかも不明確になる。結果，顧客のニーズという本質的な問題を離れて過剰に反応してしまう。

　本来，組織の戦略的な行動には，どのような組織能力に基づいて競争し，成功してきたのかという経験の蓄積が反映されるはずである。その一方で，組織能力も，特定の歴史的条件のもとで組織が選択した行動や戦略によって形成される側面を持つ（藤本，1997；伊丹，2012）。そのため，制度環境の変化への対応も，本来はそれぞれの組織が持つ歴史的背景やそこから生み出された独自の「自分たちらしさ」と結びついて形成されるべきものである。

　しかし，第6章・第7章で見たケースでは，組織にとっての自分たちらしさである組織アイデンティティが十分に認識されていなかったことから，制度環境の変化に対して過剰反応が繰り返されることになった（図8-1）。

　最初は個別の組織が合理的な判断に基づいてとった行動であったとしても，

170

8-2 自己と他者の適切な差異

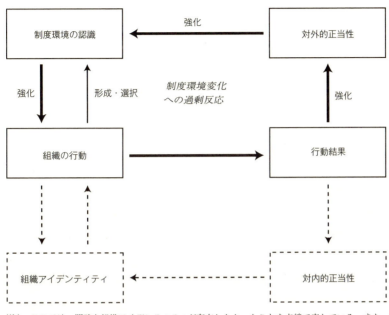

図 8-1 制度環境変化への過剰反応

（注）ここでは，明確な組織アイデンティティが存在しなかったことを点線で表している。また，制度環境変化への過剰反応が繰り返されるプロセスを太線の矢印で示している。

　それが制度環境という要素と結びつけば，そこから離脱することを困難にする圧力が生じる。さらに，組織の行動と制度環境との間に正のフィードバックが生じることで，この圧力は強化され，さらに離脱が困難になる。
　ただし，ここで注意が必要なのは，このメカニズムは絶対的な因果関係を表しているわけではないという点である。そのため，この落とし穴から抜け出すことが不可能なわけではない。本書で取り上げた事例では，業界の多くの企業が，商品開発や管理機能の強化という，顧客のニーズとは離れた過剰競争に巻き込まれていた。しかし，第7章7-3-1項の末尾で少し紹介したようなその後の対応においては，じつは，商品数の削減や顧客とのコミュニケーション改善ツールの開発などその内容やタイミングに違いが見られる。このような組織の行動が新たな組織アイデンティティの形成につながり，それ

171

第8章 結論と課題

ぞれの組織が意識的に独自の組織能力を構築するようになればここで示したような落とし穴から抜け出すことも不可能ではない。このように，組織の行動に影響を与えるような圧力に対して，より明確な指針を持って行動することが，落とし穴から抜け出す一つの方法である。

それだけではなく，組織の行動が，意図せざる結果として，制度環境の認識を変化させることもある。事前に制度環境を変化させる戦略的意図を持っていたわけではなくとも，対外的正当性の認識を通じて結果として制度環境に対する認識を変化させ，過剰反応の落とし穴から抜け出すことができる可能性もあるのである。組織が自らの行動を通じて制度環境の認識を形作っていく場合である。この場合にも，事後には明確な指針を持って行動することが求められる。

もう一つ注意しておかなければならないのは，本書で取り上げてきた損害保険業界では，適切な差異の確立を難しくする条件が整っていたことである。反対に考えると，制度環境の変化があったからといって，本書で提示したような問題が必ず起こるわけではない。

多面的な競争を行ってきた経験を持つ業界で，それぞれの組織が自社の強みを考えた明確な組織アイデンティティを持っている場合には，制度環境の変化に対応しようとするときにも，本書が見出したようなメカニズムによって事態を悪化させることは回避できる可能性が相対的に高くなる。つまり，同じような環境の変化に対してもより対応が容易であった可能性がある。これに対して，損害保険業界は限られた競争の経験しか持たなかったため，同様のメカニズムがより状況を悪化させたと考えられる。

8-3 インプリケーションと残された課題

組織が外部から正当性を獲得できるか否かの基準は，ゼロの状態から生み出されるわけではない。過去の経験や他の事例との比較などを通じて形成される。加えて，組織の振る舞い自体もその認識に影響を与える。組織が自分

172

たちに期待されていると信じる内容に基づいて行動すると，それを社会が認識し，結果として制度環境が形成されていくことになる。

社会は，組織に対して何を求めるのかを，組織の振る舞いを通じて見出す。組織自身がアピールする役割を社会が認識し，それに基づいて組織に対する期待を形成する。つまり，組織は制度環境の影響を受け入れるだけの存在ではない。主体的に環境を創りだす存在でもある。

しかし，これは組織が自身に対する制度環境の影響を自由にコントロールできるということではない。第一に，制度環境はさまざまな組織の行動の結果として形成される。そのような性格を持つものであるから，個別の組織によるコントロールには限界がある。

第二に，組織にとって自分たちのアピールする役割がどう認識されるのかに関しては不確実性が存在する。認識のプロセスにおいて組織が予想しているのとは異なる認識のされ方をする可能性もある。この場合には結果として組織の行動が制限されることにつながる。

制度環境が，組織と社会との間での相互作用の中で形成されるとき，組織と社会は互いの認識を認識し合う関係にある。組織が制度環境の構成要素として認識していることが，実際の制度環境を形成する要素となり，結果として組織は自らの生み出した環境に縛られて行動することになる。この認識の二重性が，結果として組織も社会もどちらも望んでいない結果をもたらす可能性がある。

ここで指摘しておかなければならないことは，問題への対応として，制度環境への適合を放棄するという単純な選択肢は解決策にならないということである。組織はあくまでも社会の中に存在しており，社会的に適切であると認められて対外的な正当性を獲得しつつ，その中で自らのポジションを見出すことを求められている。

また，本書では他社との違いを意識した明確な組織アイデンティティが存在しないことが問題につながっているケースを取り上げてきたが，明確な組織アイデンティティを確立することが常に有利に働くということでもない。

173

第8章　結論と課題

既存研究でも指摘されている通り，組織アイデンティティは組織の変化を妨げる要因としても作用する。そのため，制度環境への適合性と組織アイデンティティへの適合性，つまり対外的な正当性と対内的な正当性の両方を意識しなければならない。明確な自分たちらしさを確立しながら変化に対応するというマネジメントが求められる。

　最後に，本書で残された課題について触れたい。第一の課題は，損害保険業という単一の産業のみを取り上げている点である。そのため，本書で指摘してきた「落とし穴」にはまるメカニズムを他の産業でも起こりうることとして単純に考えることはできない。当然，産業の特性も影響しているはずである。例えば，模倣可能性が高い，あるいは社会的な重要性は高いが顧客が好んで契約するようなものではないといった商品の特徴が，今回の結論には影響を与えているだろう。

　しかし，これらの産業の特性は，問題を生じやすくさせる要因として働いたとは考えられるが，それだけが問題の原因となったわけではない。本書が注目したのは，組織の行動の背景にあるメカニズムである。制度環境が変化し，組織がそれに対応しなければならない局面は，当然，他のさまざまな産業でも生じる。制度環境変化への対応が常に問題を引き起こすわけではないが，本書が指摘したような状況要因がそろえば，他の産業でも類似の問題が生じる可能性がある。このメカニズムを明らかにすることによって，単一の産業を対象とした研究であっても，意義のある知見を導くことが可能になったと考えている。

　関連する課題として，本書では損害保険会社と代理店の関係を明示的に論じていない点もあげられる。どちらも大きくは損害保険業に関わる組織であるが，異なる利害を持つ主体でもある。第7章では代理店を対象とした調査も行っているが，全体としては十分に扱えてはいない。

　第二の課題は，本書では問題が生じるメカニズムについて明らかにしてきたが，それを回避するための明確な対応策を提示してはいない点である。そのため，実際の組織に対するインプリケーションとしては「落とし穴」の存

8-3 インプリケーションと残された課題

在を指摘し，注意を喚起するにとどまっている。

本書では，組織にとって重要である行動が問題を引き起こしてしまうという現象に議論の焦点を当てた。これは個別の組織にとっては少なくとも短期的には対応しなければならない要請に応じることで生じてしまう問題であり，そもそもシンプルな解決策を提示することが難しい論理的な枠組みになっている。反対に考えれば，容易に回避策を提示できるような落とし穴であれば，それはあえて指摘する価値がないということでもある。

このことは，それだけ実際に組織に対して求められていることが複雑であるということを反映しているとも考えられる。

だが，本章の第2節でも触れたとおり，落とし穴から抜け出すことが不可能というわけではない。本書の主張するメカニズムは，絶対に回避不能な力の存在を示唆しているわけではなく，重力のように何もしなければそちらに引き寄せられてしまうという力の存在に基づいている。

一度落とし穴にはまっても事後的には複数の対応策が存在しており，さらにどの対応策を採用したのか，どのタイミングで採用したのかなどには組織ごとに違いがある。例えば第7章で示した例では，じつは，事後に積極的な対策をとったのは業界の中で比較的小規模な会社であった。制度環境の変化やそれが引き起こす問題は，対応次第によっては既存の競争関係においては不利な立場にあった組織を有利にすることもありうる。制度環境の変化への対応として同質的な行動をとると同時に，独自の対応を模索する中で新たな組織アイデンティティを確立することができれば，他社との競争を有利にする組織能力を構築していくことも不可能ではない。

このような問題が生じる局面では，初めから落とし穴を回避する方法を考えるだけではなく，落とし穴にはまった後にいかにそこから抜け出すことができるのかを考えることも必要となろう。その際に重要となるのは，ライバル組織を直接見ることでのみ差異を作りだそうとするのではなく，顧客を鏡としてそこに映し出された自分たちの姿から自己を認識し，組織アイデンティティを形成することである。

175

参考文献

Abrahamson, E., & Hambrick, D. C. (1997). Attentional homogeneity in industries: The effect of discretion. *Journal of Organizational Behavior, 18* (Special Issue), 513-532.

Aguinis, H., & Glavas, A. (2012). What we know and don't know about corporate social responsibility: A review and research agenda. *Journal of Management, 38* (4), 932-968.

Albert, S., & Adams, E. (2002). The hybrid identity of law firms. In B. Moingeon, and G. Soenen (eds.), *Corporate and Organizational Identities: Integrating Strategy, Marketing, Communication and Organizational Perspectives* (pp. 35-50). London: Routledge.

Albert, S., & Whetten, D. A. (1985). Organizational identity. *Research in Organizational Behavior, 7*, 263-295.

Aldrich, H. E., & Fiol, C. M. (1994). Fools rush in? The institutional context of industry creation. *Academy of Management Review, 19* (4), 645-670.

淺羽茂 (2002)『日本企業の競争原理：同質的行動の実証分析』東洋経済新報社。

Ashforth, B. E., & Anand, V. (2003). The normalization of corruption in organizations. *Research in Organizational Behavior, 25*, 1-52.

Ashforth, B. E., & Gibbs, B. W. (1990). The double-edge of organizational legitimation. *Organization Science, 1* (2), 121-212.

Ashforth, B. E., & Humphrey, R. H. (1993). Emotional labor in service roles: The influence of identity. *Academy of Management Review, 18* (1), 88-115.

Ashforth, B. E., & Mael, F. A. (1996). Organiational identity and strategy as a context for the individual. *Advances in Strategic Management, 13*, 19-64.

Avlonitis, G. J., & Papastathopoulou, P. (2001). The development activities of innovative and non-innovative new retail financial products: Implications for success. *Journal of Marketing Management, 17* (7-8), 705-738.

Avlonitis, G. J., Papastathopoulou, P. G., & Gounaris, S. P. (2001). An empiricallybased typology of product innovativeness for new financial services: Success and failure scenarios. *Journal of Product Innovation Management, 18* (5), 324-342.

Bansal, P., & Clelland, I. (2004). Talking trash: Legitimacy, impression management, and unsystematic risk in the context of the natural environment. *Academy of Management Journal, 47* (1), 93-103.

Barney, J. (1991). Firm resources and sustained competitive advantage. *Journal of Management, 17* (1), 99-120.

Barney, J. B., & Stewart, A. C. (2000). Organizational identity as moral philosophy: Competitive implications for diversified corporations. In M. Schultz, M. J. Hatch, and M. H. Larsen (eds.), *The Expressive Organization: Linking Identity, Reputation, and the Corporate Brand* (pp. 36-47). New York: Oxford University Press.

Barreto, L., & Baden-Fuller, C. (2006). To conform or to perform? Mimetic behaviour, legitimacy-based groups and performance consequences. *Journal of Management Studies, 43* (7), 1559-1581.

Bartel, C. A. (2001). Social comparisons in boundary-spanning work: Effects of community outreach on members' organizational identity and identification. *Administrative Science Quarterly, 46* (3), 379-413.

Bartunek, J. M., Rynes, S. L., & Ireland, R. D. (2006). What makes management research interesting, and why does it matter? *Academy of Management Journal, 49* (1), 9-15.

Besharov, M., & Smith, W. K. (2014). Multiple institutional logics in organizations: Explaining their varied nature and implications. *Academy of Management Review, 39* (3), 364-381.

Biddle, B. J. (1986). Recent developments in role theory. *Annual Review of Sociology, 12,* 67-92.

Billings, A. G., & Moos, R. H. (1984). Coping, stress, and social resources among adults with unipolar depression. *Journal of Personality and Social Psychology, 46* (4), 877-891.

Blazevic, V., & Lievens, A. (2004). Learing during the new financial service innovation process: Antecedents and performance effects. *Journal of Business Research, 57* (4), 374-391.

Boxenbaum, E., & Jonsson, S. (2008). Isomorphism, diffusion and decoupling. In R. Greenwood, C. Oliver, K. Sahlin, and R. Suddaby (eds.), *The Sage Handbook of Organizational Institutionalism* (pp. 78-98). Thousand Oaks: SAGE.

Brown, A. D., & Starkey, K. (2000). Organizational identity and learning: A psychodynamic perspective. *Academy of Management Review, 25* (1), 102-120.

Brown, S. L., & Eisenhardt, K. M. (1995). Product development: Past research, present findings, and future directions. *Academy of Management Review, 20* (2), 343-378.

Burns, L. R., & Wholey, D. R. (1993). Adoption and abandonment of matrix management programs: Effects of organizational characteristics and interorganizational networks. *Academy of Management Journal, 36* (1), 106-138.

Burns, T., & Stalker, G. M. (1961). *The Management of Innovation.* London: Tavistock Publications.

Cannon, S. M., & Kreutzer, K. (2018). Mission accomplished? Organizational identity work in response to mission success. *Human Relations, 71* (9), 1234-1263.

Carroll, A. B. (1999). Corporate social responsibility: Evolution of a definitional construct. *Business & Society, 38* (3), 268-295.

Chan, C. M., Makino, S., & Isobe, T. (2006). Interdependent behavior in foreign direct investment: The multi-level effects of prior entry and prior exit on foreign market entry. *Journal of International Business Studies, 37* (5), 642-665.

Chun, R. (2005). Corporate reputation: Meaning and measurement. *International Journal of Management Reviews, 7* (2), 91-109.

Clark, K. B., & Fujimoto, T. (1991). *Product Development Performance: Strategy, Organization, and Management in the World Auto Industry.* Boston: Harvard Business School Press.

Clark, S. M., Gioia, D. A., Ketchen, Jr., D. J., & Thomas, J. B. (2010). Transitional identity as a facilitator of organizational identity change during a merger. *Administrative Science Quarterly, 55* (3), 397-438.

179

参考文献

Cooper, R. G., & de Brentani, U. (1991). New industrial financial services: What distinguishes the winner. *Journal of Product Innovation Management, 8* (2), 75–90.

Cooper, R. G., & Edgett, S. J. (1996). Critical success factors for new financial services. *Marketing Management, 5* (3), 26–37.

Cooper, R. G., Easingwood, C. J., Edgett, S., Kleinschmidt, E. J., & Storey, C. (1994). What distinguishes the top performing new products in financial services. *Journal of Product Innovation Management, 11* (4), 281–299.

Corley, K. G., Harquail, C. V., Pratt, M. G., Glynn, M. A., Fiol, C. M., & Hatch, M. J. (2006). Guiding organizational identity through aged adolescence. *Journal of Management Inquiry, 15* (2), 85–99.

Cornelissen, J. P. (2002a). On the 'organizational identity' metaphor. *British Journal of Management, 13* (3), 259–268.

Cornelissen, J. P. (2002b). The merit and mischief of metaphor: A reply to Gioia, Schultz and Corley. *British Journal of Management, 13* (3), 277–279.

Cornelissen, J. P. (2006). Metaphor and the dynamics of knowledge in organization theory: A case study of the organizational identity metaphor. *Journal of Management Studies, 43* (4), 683–709.

Dacin, M. T., Oliver, C., & Roy, J-P. (2007). The legitimacy of strategic alliances: An institutional perspective. *Strategic Management Journal, 28* (2), 169–187.

Daft, R. L., & Lengel, R. H. (1986). Organizational information requirements, media richness and structural design. *Management Science, 32* (5), 554–571.

Daft, R. L., & Macintosh, N. B. (1981). A tentative exploration into the amount and equivocality of information processing in organizational work units. *Administrative Science Quarterly, 26* (2), 207–224.

Daft, R. L., & Weick, K. E. (1984). Toward a model of organizations as interpretation systems. *Academy of Management Review, 9* (2), 284–295.

D'Aunno, T., Sutton, R. I., & Price, R. H (1991). Isomorphism and external support in conflicting institutional environments: A study of drug abuse treatment units. *Academy of Management Journal, 34* (3), 636–661.

Davies, J., & Easterby-Smith, M. (1984). Learning and developing from manage-

180

rial work experiences. *Journal of Management Studies, 21* (2), 169-182.

Deephouse, D. L. (1996). Does isomorphism legitimate? *Academy of Management Journal, 39* (4), 1024-1039.

Deephouse, D. L. (1999). To be different, or to be the same? It's a question (and theory) of strategic balance. *Strategic Management Journal, 20* (2), 147-166.

Deephouse, D. L., & Carter, S. M. (2005). An examination of differences between organizational legitimacy and organizational reputation. *Journal of Management Studies, 42* (2), 329-360.

Deephouse, D. L., & Suchman, M. (2008). Legitimacy in organizational institutionalism. In R. Greenwood, C. Oliver, K. Sahlin, and R. Suddaby (eds.), *The Sage Handbook of Organizational Institutionalism* (pp. 49-77). Thousand Oaks: SAGE.

de Jong, J. P. J., & Vermeulen, P. A. M. (2003). Organazing successful new service development: A literature review. *Management Decision, 41* (9), 844-858.

Deshpandé, R., Farley, J. U., & Webster, Jr., F. E. (1993). Corporate culture, customer orientation, and innovativeness in Japanese firms: A quadrad analysis. *Journal of Marketing, 57* (1), 23-37.

Dhalla, R. (2007). The construction of organizational identity: Key contributing external and intra-organizational factors. *Corporate Reputation Review, 10* (4), 245-260.

DiMaggio, P. (1988). Interest and agency in institutional theory. In L. G. Zucker (ed.), *Institutional Patterns and Organizations: Culture and Environment* (pp. 3-21). Cambridge, MA: Ballinger.

DiMaggio, P. J., & Powell, W. W. (1983). The iron cage revisited: Institutional isomorphism and collective rationality in organizational fields. *American Sociological Review, 48* (2), 147-160.

DiMaggio, P. J., & Powell, W. W. (1991). Introduction. In W. W. Powell, and P. J. DiMaggio (eds.), *The New Institutionalism in Organizational Analysis* (pp. 1-38). Chicago: University of Chicago Press.

Dormann, C., & Zapf, D. (2004). Customer-related social stressors and burnout. *Journal of Occupational Health Psychology, 9* (1), 61-82.

Dougherty, D., & Heller, T. (1994). The illegitimacy of successful product innovation in established firms. *Organization Science, 5* (2), 200-218.

Dowling, J., & Pfeffer, J. (1975). Organizational legitimacy: Social values and organizational behavior. *Pacific Sociological Review, 18* (1), 122-136.

Drew, S. A. W. (1995a). Accelerating innovation in financial services. *Long Range Planning, 28* (4), 11-21.

Drew, S. A. W. (1995b). Strategic benchmarking: Innovation practices in financial institutions. *International Journal of Bank Marketing, 13* (1), 4-16.

Drori, I., & Honig, B. (2013). A process model of internal and external legitimacy. *Organization Studies, 34* (3), 345-376.

Dukerich, J. M., Golden, B. R., & Shortell, S. M. (2002). Beauty is in the eye of the beholder: The impact of organizational identification, identity, and image on the cooperative behaviors of physicians. *Administrative Science Quarterly, 47* (3), 507-533.

Duncan, R. B. (1972). Characteristics of organizational environments and perceived environmental uncertainty. *Administrative Science Quarterly, 17* (3), 313-327.

Dutton, J. E., & Dukerich, J. M. (1991). Keeping an eye on the mirror: Image and identity in organizational adaptation. *Academy of Management Journal, 34* (3), 517-554.

Dutton, J. E., Dukerich, J. M., & Harquail, C. V. (1994). Organizational images and member identification. *Administrative Science Quarterly, 39* (2), 239-263.

Easingwood, C. J. (1986). New product development for service companies. *Journal of Product and Innovation Management, 3* (4), 264-275.

Edgett, S. J. (1996). The new product development process for commercial financial services. *Industrial Marketing Management, 25* (6), 507-515.

Edgett, S., & Jones, S. (1991). New product development in the financial service industry: A case study. *Journal of Marketing Management, 7* (3), 271-284.

Edgett, S., & Parkinson, S. (1994). The Development of new financial services: Identifying determinants of success and failure. *International Journal of Service Industry Management, 5* (4), 24-38.

Eisenhardt, K. M. (1989). Building theories from case study research. *Academy of Management Review, 14* (4), 532-550.

Elsbach, K. D. (1994). Managing organizational legitimacy in the California cattle industry: The construction and effectiveness of verbal accounts. *Administrative Science Quarterly, 39* (1), 57-88.

Elsbach, K. D., & Kramer, R. M. (1996). Members' responses to organizational identity threats: Encountering and countering the Business Week rankings. *Administrative Science Quarterly, 41* (3), 442-476.

Elsbach, K. D., & Sutton, R. I. (1992). Acquiring organizational legitimacy through illegitimate actions: A marriage of institutional and impression management theories. *Academy of Management Journal, 35* (4), 699-738.

Elstak, M. N. (2008). The paradox of the organizational identity field. *Corporate Reputation Review, 11* (3), 277-281.

Fiol, C. M. (1991). Managing culture as a competitive resource: An identity-based view of sustainable competitive advantage. *Journal of Management, 17* (1), 191-211.

Fiol, C. M. (2001). Revisiting an identity-based view of sustainable competitive advantage. *Journal of Management, 27* (6), 691-699.

Fiol, C. M., Hatch, M. J., & Golden-Biddle, K. (1998). Organizational culture and identity: What's the difference anyway? In D. A. Whetten, and P. C. Godfrey (eds.), *Identity in Organizations: Building Theory through Conversations* (pp. 56-59). Thousand Oaks: SAGE.

Fligstein, N. (1985). The Spread of the multidivisional form among large firms, 1919-1979. *American Sociological Review, 50* (3), 377-391.

Fligstein, N. (1990). *The Transformation of Corporate Control.* Cambridge, MA: Harvard University Press.

Fombrun, C. J., & Shanley, M. (1990). What's in a name? Reputation building and corporate strategy. *Academy of Management Journal, 33* (2), 233-258.

Fombrun, C. J., & van Riel, C. B. M. (2004). *Fame & Fortune: How Successful Companies Build Winning Reputations.* Upper Saddle River: Financial Times/ Prentice Hall.

参考文献

Foreman, P., & Whetten, D. A. (2002). Members' identification with multiple-identity organizations. *Organization Science, 13* (6), 618-635.

Fox-Wolfgramm, S. J., Boal, K. B., & Hunt, J. G. (1998). Organizational adaptation to institutional change: A comparative study of first-order change in prospector and defender banks. *Administrative Science Quarterly, 43* (1), 87-126.

Frieland, R., & Alford, R. R. (1991). Bringing society back in: Symbols, practices, and institutional contradictions. In W. W. Powell, and P. J. DiMaggio (eds.), *The New Institutionalism in Organizational Analysis* (pp. 232-263). Chicago: University of Chicago Press.

藤本隆宏 (1997)『生産システムの進化論:トヨタ自動車にみる組織能力と創発プロセス』有斐閣。

藤本隆宏・安本雅典編著 (2000)『成功する製品開発:産業間比較の視点』有斐閣。

Galbraith, J. R. (1973). *Designing Complex Organizations*. Reading: Addison-Wesley.

Galbraith, J. R. (1974). Organization design: An information processing view. *Interfaces, 4* (3), 28-36.

Galbraith, J. R. (1977). *Organization Design*. Reading: Addison-Wesley.

Gioia, D. A. (1998). From individual to organizational identity. In D. Whetten, and P. C. Godfrey (eds.), *Identity in Organizations: Building Theory through Conversation* (pp. 17-31). Thousand Oaks: SAGE.

Gioia, D. A., Patvardhan, S. D., Hamilton, A. L., & Corley, K. G. (2013). Organizational identity formation and change. *Academy of Management Annals, 7* (1), 123-193.

Gioia, D. A., Price, K. N., Hamilton, A. H., & Thomas, J. B. (2010). Forging an identity: An insider-outsider study of processes involved in the formation of organizational identity. *Administrative Science Quarterly, 55* (1), 1-46.

Gioia, D. A., Schultz, M., & Corley, K. G. (2000). Where do we go from here? *Academy of Management Review, 25* (1), 145-147.

Gioia, D. A., Schultz, M., & Corley, K. G. (2002a). On celebrating the organizational identity metaphor: A rejoinder to Cornelissen. *British Journal of Management, 13* (3), 269–275.

Gioia, D. A., Schultz, M., & Corley, K. G. (2002b). Metaphorical shadow boxing: A response to Cornelissen's rejoinder. *British Journal of Management, 13* (3), 281.

Gioia, D. A., & Thomas, J. B. (1996). Identity, image and issue interpretation: Sensemaking during strategic change in academia. *Administrative Science Quarterly, 41* (3), 370–403.

Glaser, B. G., & A. L. Strauss (1967). *The Discovery of Grounded Theory: Strategies for Qualitative Research.* New York: Aldine.

Glynn, M. A. (2000). When cymbals become symbols: Conflict over organizational identity within a symphony orchestra. *Organization Science, 11* (3), 285–298.

Glynn, M. A. (2008). Beyond constraint: How institutions enable identities. In R. Greenwood, C. Oliver, K. Sahlin, and R. Suddaby (eds.), *The Sage Handbook of Organizational Institutionalism* (pp. 413–430). Thousand Oaks: SAGE.

Glynn, M. A., & Abzug, R. (2002). Institutionalizing identities: Symbolic isomorphism and organizational names. *Academy of Management Journal, 45* (1), 267–280.

Golden-Biddle, K., & Rao, H. (1997). Breaches in the boardroom: Organizational identity and conflicts of commitment in a nonprofit organization. *Organization Science, 8* (6), 593–611.

Greenwood, R., & Suddaby, R. (2006). Institutional entrepreneurship in mature fields: The big five accounting firms. *Academy of Management Journal, 49* (1), 27–48.

Greve, H. R., & Zhang, C. M. (2017). Institutional logics and power sources: Merger and acquisition decisions. *Academy of Management Journal, 60* (2), 671–694.

Guler, I., Guillén, M. F., & Macpherson, J. M. (2002). Global competition, institutions, and the diffusion of organizational practices: The international spread of ISO 9000 quality certificates. *Administrative Science Quarterly, 47* (2), 207–

232.

Hannan, M. T., & Freeman, J. (1977). The population ecology of organizations. *American Journal of Sociology, 82* (5), 929-964.

Hannan, M. T. and Freeman, J. (1984). Structural inertia and organizational change. *American Sociological Review, 49* (2), 149-164.

Haslam, S. A., Postmes, T., & Ellemers, N. (2003). More than a metaphor: Organizational identity makes organizational lite possible. *British Journal of Management, 14* (4), 357-369.

Hatch, M. J., & Schultz, M. (1997). Relations between organizational culture, identity and image. *European Journal of Marketing, 31* (5/6), 356-365.

Hatch, M. J., & Schultz, M. (2000). Scaling the tower of babel: Relational differences between identity, image, and culture in Organizations. In M. Schultz, M. J. Hatch, and M. H. Larsen (eds.), *The Expressive Organization: Linking Identity, Reputation, and the Corporate Brand* (pp. 11-35). New York: Oxford University Press.

Hatch, M. J., & Schultz, M. (2002). The dynamics of organizational identity. *Human Relations, 55* (8), 989-1018.

Haunschild, P. R., & Miner, A. S. (1997). Modes of interorganizational imitation: The effects of outcome salience and uncertainty. *Administrative Science Quarterly, 42* (3), 472-500.

Haveman, H. A. (1993). Follow the leader: Mimetic isomorphism and entry into new markets. *Administrative Science Quarterly, 38* (4), 593-627.

Henard, D. H., & Dacin, P. A. (2010). Reputation for product innovation: Its impact on Consumers. *Journal of Product Innovation Management, 27* (3), 321-335.

樋口晴彦 (2012)『組織不祥事研究:組織不祥事を引き起こす潜在的原因の解明』白桃書房。

Hillman, A. J., Nicholson, G., & Shropshire, C. (2008). Director's multiple identities, identification, and board monitoring and resource provision. *Organization Science, 19* (3), 441-456.

平澤哲 (2013)「未知のイノベーションと組織アイデンティティ:相補的な発展

のダイナミクスの探求」『組織科学』*46* (3), 61-75。

Hochschild, A. R. (1983). *The Managed Heart*. Berkeley: University of California Press.

Hoffman, A. J., & Ocasio, W. (2001). Not all events are attended equally: Toward a middle-range theory of industry attention to external events. *Organization Science, 12* (4), 414-434.

Human, S. E., & Provan, K. G. (2000). Legitimacy building in the evolution of small-firm multilateral networks: A comparative study of success and demise. *Administrative Science Quarterly, 45* (2), 327-365.

Iansiti, M., & Clark, K. B. (1994). Integration and dynamic capability: Evidence from product development in automobiles and mainframe computers. *Industrial and Corporate Change, 3* (3), 557-605.

井上達彦 (2014)『ブラックスワンの経営学：通説をくつがえした世界最優秀ケーススタディ』日経BP社。

磯辺剛彦＝牧野成史＝クリスティーヌ・チャン (2010)『国境と企業』東洋経済新報社。

伊丹敬之 (2012)『経営戦略の論理：ダイナミック適合と不均衡ダイナミズム（第4版）』日本経済新聞出版社。

岩瀬泰弘 (2007)『企業価値創造の保険経営』千倉書房。

Jack, G., & Lorbiecki, A. (2007). National identity, globalization and the discursive construction of organizational identity. *British Journal of Management, 18* (Special Issue), 79-94.

Jex, S. M., Bliese, P. D., Buzzell, S., & Primeau, J. (2001). The impact of self-efficacy on stressor-strain relations: Coping style as an explanatory mechanism. *Journal of Applied Psychology, 86* (3), 401-409.

Johne, A., & Storey, C. (1998). New service development: A review of the literature and annotated bibliography. *European Journal of Marketing, 32* (3/4), 184-251.

Johnson, C., Dowd, T. J., & Ridgeway, C. L. (2006). Legitimacy as a social process. *Annual Review of Sociology, 32*, 53-78.

Jonsson, S., Greve, H. R., & Fujiwara-Greve, T. (2009). Undeserved loss: The spread of legitimacy loss to innocent organizations in response to reported corporate deviance. *Administrative Science Quarterly, 54* (2), 195-228.

Kabanoff, B., & Brown, S. (2008). Knowledge structures of prospectors, analyzers, and defenders: Content, structure, stability, and performance. *Strategic Management Journal, 29* (2), 149-171.

金井壽宏 (1990)「エスノグラフィーにもとづく比較ケース分析：定性的研究方法への一視角」『組織科学』*24* (1), 46-59。

川上智子 (2005)『顧客志向の新製品開発：マーケティングと技術のインタフェイス』有斐閣。

Kelly, D., & Amburgey, T. L. (1991). Organizational inertia and momentum: A dynamic model of strategic change. *Academy of Management Journal, 34* (3), 591-612.

Kennedy, M. T., & Fiss, P. C. (2009). Institutionalization, framing, and diffusion: The logic of TQM adoption and implementation decision among U.S. hospitals. *Academy of Management Journal, 52* (5), 897-918.

木下智雄 (2006)「わかりやすさを追求した損害保険の商品説明ツールの開発について」『日本科学技術連盟主催第25回ソフトウェア品質シンポジウム発表論文集』。

木下智雄 (2007)「損害保険商品における情報システムの役割と開発プロセスに関する一考察：ものづくり論の視点と環境の変化」『情報処理学会研究報告 情報システムと社会環境研究報告』*2007* (85), 45-52。

木下智雄 (2008)「ものづくりの知見を応用した損害保険の開発・生産マネジメント」『開発工学』*27*, 27-34。

Kislov, R., Hyde, P., & McDonald, R. (2017). New game, old rules? Mechanisms and consequences of legitimation in boundary spanning activities. *Organization Studies, 38* (10), 1421-1444.

Kjærgaard, A. L. (2009). Organizational identity and strategy: An empirical study of organizational identity's influence on the strategy-making process. *International Studies of Management & Organization, 39* (1), 50-69.

Kjærgaard, A. L., Morsing, M., & Ravasi, D. (2011). Mediating identity: A study of media influence on organizational identity construction in a celebrity firm.

Journal of Management Studies, 48 (3), 514-543.

小橋勉 (2002)「あいまい性，多義性，不確実性：組織の環境を規定する要因間の関係に関する分析」『日本経営学会誌』*8*，43-53。

Kohli, A. K., & Jaworski, B. J. (1990). Market orientation: The construct, research propositions, and managerial implications. *Journal of Marketing, 54* (2), 1-18.

小池和男編 (1991)『大卒ホワイトカラーの人材開発』東洋経済新報社。

Kostova, T. (1999). Transnational transfer of strategic organizational practices: A contextual perspective. *Academy of Management Review, 24* (2), 308-324.

Kostova, T., & Roth, K. (2002). Adoption of an organizational practice by subsidiaries of multinational corporations: Institutional and relational effects. *Academy of Management Journal, 45* (1), 215-233.

Kostova, T., & Zaheer, S. (1999). Organizational legitimacy under conditions of complexity: The case of the multinational enterprise. *Academy of Management Review, 24* (1), 64-81.

小山嚴也 (2011)『CSR のマネジメント：イシューマイオピアに陥る企業』白桃書房。

Kreiner, G. E., Hollensbe, E. C., & Sheep, M. L. (2006). On the edge of identity: Boundary dynamics at the interface of individual and organizational identities. *Human Relations, 59* (10), 1315-1341.

Kreiner, G. E., Hollensbe, E. C., Sheep, M. L., Smith, B. R., & Kataria, N. (2015). Elasticity and the dialectic tensions of organizational identity: How can we hold together while we're pulling apart? *Academy of Management Journal, 58* (4), 981-1011.

Krishnan, V., & Ulrich, K. T. (2001). Product development decisions: A review of the literature. *Management Science, 47* (1), 1-21.

Kroezen, J. J., & Heugens, P. P. M. A. R. (2012). Organizational identity formation: Processes of identity imprinting and enactment in the Dutch microbrewing landscape. In M. Schultz, S. Maguire, A. Langley, and H. Tsoukas (eds.), *Constructing Identity in and around Organizations* (pp. 89-127). Oxford: Oxford University Press.

参考文献

具承桓・小菅竜介・佐藤秀典・松尾隆 (2008)「ものづくり概念のサービス業への適用」『一橋ビジネスレビュー』*56* (2), 24-41。

久保真人 (2007)「バーンアウト (燃え尽き症候群):ヒューマンサービス職のストレス」『日本労働研究雑誌』*49* (1), 54-64。

Lamertz, K., Heugens, P. P. M. A. R., & Calmet, L. (2005). The configuration of organizational images among firms in the Canadian beer brewing industry. *Journal of Management Studies, 42* (4), 817-843.

Landau, D., Drori, I., & Terjesen, S. (2014). Multiple legitimacy narratives and planned organizational change. *Human Relations, 67* (11), 1321-1345.

Lawrence, P. R., & Lorsch, J. W. (1967). *Organization and Environment: Managing Differentiation and Integration.* Boston: Harvard Business School, Division of Research.

Lawrence, T. B. (1999). Institutional strategy. *Journal of Management, 25* (2), 161-187.

Lee, M. P. (2008). A review of the theories of corporate social responsibility: Its evolutionary path and the road ahead. *International Journal of Management Reviews, 10* (1), 53-73.

Leiter, M. P. (1991). Coping patterns as predictors of burnout: The function of control and escapist coping patterns. *Journal of Organizational Behaviour, 12* (2), 123-144.

Lieberman, M. B., & Asaba, S. (2006). Why do firms imitate each other? *Academy of Management Review, 31* (2), 366-385.

Lievens, A., & Moenaert, R. K. (2000a). Communication flows during financial service innovation. *European Journal of Marketing, 34* (9/10), 1078-1110.

Lievens, A., & Moenaert, R. K. (2000b). Project team communication in financial service innovation. *Journal of Management Studies, 37* (5), 733-766.

Lievens, A., Moenaert, R. K., & S'Jegers, R. (1999). Linking communication to innovation success in the financial services industry: A case study analysis. *International Journal of Service Industry Management, 10* (1), 23-48.

Livengood, R. S., & Reger, R. K. (2010). That's our turf! Identity domains and competitive dynamics. *Academy of Management Review, 35* (1), 48-66.

190

Lounsbury, M. (2007). A tale of two cities: Competing logics and practice variation in the professionalizing of mutual funds. *Academy of Management Journal, 50* (2), 289-307.

Lounsbury, M., & Glynn, M. A. (2001). Cultural entrepreneurship: Stories, legitimacy, and the acquisition of resources. *Strategic Management Journal, 22* (6-7), 545-564.

MacLean, T. L. (2008). Framing and organizational misconduct: A symbolic interactionist study. *Journal of Business Ethics, 78* (1-2), 3-16.

Maguire, S., Hardy, C., & Lawrence, T. B. (2004). Institutional entrepreneurship in emerging fields: HIV/AIDS treatment advocacy in Canada. *Academy of Management Journal, 47* (5), 657-679.

間嶋崇 (2007)『組織不祥事：組織文化論による分析』文眞堂。

Marquis, C., & Lounsbury, M. (2007). Vive la résistance: Competing logics and the consolidation of U.S community banking. *Academy of Management Journal, 50* (4), 799-820.

Martins, L. L. (2005). A model of the effects of reputational rankings on organizational change. *Organization Science, 16* (6), 701-720.

松本雄一 (2003)『組織と技能：技能伝承の組織論』白桃書房。

松尾睦 (2006)『経験からの学習：プロフェッショナルへの成長プロセス』同文舘出版。

McCauley, C. D., Ruderman, M. N., Ohlott, P. J., & Morrow, J. E. (1994). Assessing the developmental components of managerial jobs. *Journal of Applied Psychology, 79* (4), 544-560.

McGuire, J. B., Sundgren, A., & Schneeweis, T. (1988). Corporate social responsibility and firm financial performance. *Academy of Management Journal, 31* (4), 854-872.

McKnight, B., & Zietsma, C. (2018). Finding the threshold: A configurational approach to optimal distinctiveness. *Journal of Business Venturing, 33* (4), 493-512.

McWilliams, A., & Siegel, D. (2000). Corporate social responsibility and financial performance: Correlation or misspecification? *Strategic Management Journal,*

21 (5), 603-609.

McWilliams, A., & Siegel, D. (2001). Corporate social responsibility: A theory of the firm perspective. *Academy of Management Review, 26* (1), 117-127.

Merton, R. K. (1936). The unanticipated consequences of purposive social action. *American Sociological Review, 1* (6), 894-904.

Meyer, J. W., & Rowan, B. (1977). Institutionalized organizations: Formal structure as myth and ceremony. *American Journal of Sociology, 83* (2), 340-363.

Miller, T. L., & Wesley, II, C. L. (2010). Assessing mission and resources for social change: An organizational identity perspective on social venture capitalists' decision criteria. *Entrepreneurship Theory and Practice, 34* (4), 705-733.

Moorman, C., & Miner, A. (1998). Organizational improvisation and organizational memory. *Academy of Management Review, 23* (4), 698-723.

森俊也（2005）「規制業界における競争の認識とパラダイムの転換：わが国銀行業界における経営と戦略の新たな視点」『日本経営学会誌』*15*, 29-41。

Nag, R., Corley, K. G., & Gioia, D. A. (2007). The intersection of organizational identity, knowledge, and practice: Attempting strategic change via knowledge grafting. *Academy of Management Journal, 50* (4), 821-847.

中出哲（2012）「損害保険における付帯サービスの位置づけ」『損害保険研究』*74* (2), 15-45。

Navis, C., & Glynn, M. A. (2010). How new market categories emerge: Temporal dynamics of legitimacy, identity, and entrepreneurship in satellite radio, 1990-2005. *Administrative Science Quarterly, 55* (3), 439-471.

Navis, C., & Glynn, M. A. (2011). Legitimate distinctiveness and the entrepreneurial identity: Influence on investor judgments of new venture plausibility. *Academy of Management Review, 36* (3), 479-499.

Ocasio, W. (1997). Towards an attention-based view of the firm. *Strategic Management Journal, 18* (Special Issue), 187-206.

Oliver, C. (1990). Determinants of interorganizational relationships: Integration and future directions. *Academy of Management Review, 15* (2), 241-265.

Oliver, C. (1991). Strategic responses to institutional processes. *Academy of Management Review, 16* (1), 145-179.

Oliver, C. (1997). Sustainable competitive advantage: Combining institutional and resource-based views. *Strategic Management Journal, 18* (9), 697-713.

Oliver, C., & Holzinger, I. (2008). The effectiveness of strategic political management: A dynamic capabilities framework. *Academy of Management Review, 33* (2), 496-520.

Oliver, D., & Roos, J. (2007). Beyond text: Constructing organizational identity multimodally. *British Journal of Management, 18* (4), 342-358.

Ordanini, A., Rubera, G., & DeFillippi, R. (2008). The many moods of inter-organizational imitation: A critical review. *International Journal of Management Reviews, 10* (4), 375-398.

尾崎俊雄（2001）「確定拠出年金制度の導入の背景とその概要」『ジュリスト』*1210*, 33-41。

尾崎俊雄（2002）『日本版401k導入・運営・活用のすべて』東洋経済新報社。

Parsons, T. (1956). Suggestions for a sociological approach to the theory of organizations-I. *Administrative Science Quarterly, 1* (1), 63-85.

Parsons, T. (1960). *Structure and Process in Modern Societies*. New York: Free Press.

Pederson, J. S., & Dobbin, F. (2006). In search of identity and legitimation: Bridging organizational culture and neoinstitutionalism. *American Behavioral Scientist, 49* (7), 897-907.

Peng, M. W., Sun, S. L., Pinkham, B., & Chen, H. (2009). The institution-based view as a third leg for a strategy tripod. *Academy of Management Perspectives, 23* (3), 63-81.

Pfeffer, J., & Salancik, G. R. (1978). *The External Control of Organizations: A Resource Dependence Perspective*. New York: Harper & Row.

Pollock, T. G., & Rindova, V. P. (2003). Media legitimation effects in the market for initial public offerings. *Academy of Management Journal, 46* (5), 631-642.

Porac, J. F., & Thomas, H. (1990). Taxonomic mental models in competitor definition. *Academy of Management Review, 15* (2), 224-240.

Porac, J. F., Thomas, H., & Baden-Fuller, C. (2011). Competitive groups as cognitive communities: The case of Scottish knitwear manufacturers revisited.

Journal of Management Studies, 48 (3), 646-664.

Porac, J. F., Thomas, H., Wilson, F., Paton, D., & Kanfer, A. (1995). Rivalry and the industry model of Scottish knitwear producers. *Administrative Science Quarterly, 40* (2), 203-227.

Porter, M. E. (1985). *Competitive Advantage: Creating and Sustaining Superior Performance.* New York: Free Press.

Pratt, M. G., & Foreman, P. O. (2000). Classifying managerial responses to multiple organizational identities. *Academy of Management Review, 25* (1), 18-42.

Rafaeli, A., & Sutton, R. I. (1987). Expression of emotion as part of the work role. *Academy of Management Review, 12* (1), p23-37.

Rao, H. (1994). The social construction of reputation: Certification contests, legitimation, and the survival of organizations in the American automobile industry: 1895-1912. *Strategic Management Journal, 15* (Special Issue), 29-44.

Ravasi, D., & Canato, A. (2013). How do I know who you think you are? A review of research methods on organizational identity. *International Journal of Management Reviews, 15* (2), 185-204.

Ravasi, D., & Phillips, N. (2011). Strategies of alignment: Organizational identity management and strategic change at Bang & Olufsen. *Strategic Organization, 9* (2), 103-135.

Ravasi, D., & Schultz, M. (2006). Responding to organizational identity threats: Exploring the role of organizational culture. *Academy of Management Journal, 49* (3), 433-458.

Ravasi, D., & van Rekom, J. (2003). Key issues in organizational identity and identification theory. *Corporate Reputation Review, 6* (2), 118-132.

Reay, T., & Hinings, C. R. (2009). Managing the rivalry of competing institutional logics. *Organizational Studies, 30* (6), 629-652.

Reger, R. K., Gustafson, L. T., Demarie, S. M., & Mullane, J. V. (1994). Reframing the organization: Why implementing total quality is easier said than done. *Academy of Management Review, 19* (3), 565-584.

Reidenbach, R. E., & Moak, D. L. (1986). Exploring retail bank performance and new product development: A profile of industry practices. *Journal of Product*

Innovation Management, 3 (3), 187-194.

Rizzo, J. R., House, R. J., & Lirtzman, S. I. (1970). Role conflict and ambiguity in complex organizations. *Administrative Science Quarterly, 5* (2), 150-163.

Ruef, M., & Scott, W. R. (1998). A multidimensional model of organizational legitimacy: Hospital survival in changing institutional environments. *Administrative Science Quarterly, 43* (4), 877-904.

Santos, F. M., & Eisenhardt, K. M. (2005). Organizational boundaries and theories of organization. *Organizationa Science, 16* (5), 491-508.

佐々木政司 (1993)「組織社会化過程における新入社員の態度変容に関する研究：幻滅経験と入社8ヶ月後の態度・行動の変化」『経営行動科学』8 (1), 23-32。

佐藤秀典 (2009a)「我々は何者でありたいと願うのか：ダイナミックな組織アイデンティティの理解に向けて　経営学輪講 Dutton and Dukerich (1991)」『赤門マネジメント・レビュー』8 (1), 19-28。

佐藤秀典 (2009b)「ケース・スタディの魅力はどこに？　経営学輪講 Eisenhardt (1989)」『赤門マネジメント・レビュー』8 (11), 675-686。

佐藤秀典 (2010a)「制度との対話としての商品開発：損害保険会社による確定拠出年金用商品の開発」『日本経営学会誌』25, 51-61。

佐藤秀典 (2010b)「正当性獲得行動のジレンマ：損害保険業における近視眼的問題対応」『組織科学』44 (1), 74-84。

佐藤秀典 (2011a)「感情労働におけるスキルの形成と人材育成：損害保険業における損害サービス部門の事例」『日本経営学会誌』27, 55-64。

佐藤秀典 (2011b)「組織内での複数の規範への選択的対応：損害保険会社における『共感』と『公正』」(Discussion Paper MMRC-364) 東京大学ものづくり経営研究センター。

佐藤秀典 (2011c)「損害保険業における競争軸の変化と組織の対応」(Discussion Paper MMRC-365) 東京大学ものづくり経営研究センター。

佐藤秀典 (2013a)「組織アイデンティティ論の発生と発展：『我々は何者であるか』を我々はどのように考えてきたのか」組織学会編『組織論レビューII：外部環境と経営組織』(1-36頁), 白桃書房。

佐藤秀典 (2013b)「ルーチン形成における管理者の認識とパワー：自動車販売

参考文献

現場における管理者の役割」『組織科学』 *47* (2)，47-58。

Sato, H. (2014a). How to choose an appropriate dress? An influence of change in organizational identity. *Annals of Business Administrative Science, 13* (3), 141-151.

Sato, H. (2014b). How do we understand organizational identity effect? *Annals of Business Administrative Science, 13* (5), 271-281.

Sato, H. (2016). Generalization is everything, or is it? Effectiveness of case study research for theory construction. *Annals of Business Administrative Science, 15* (1), 49-58.

佐藤秀典・藤本隆宏 (2007)「金融業への『もの造り論』的アプローチに関する試論」『赤門マネジメント・レビュー』 *6* (3)，85-116。

Sato, H., & Fujimoto, T. (2013). New product development in financial industries: Media tangibility and media durability of financial products. *Annals of Business Administrative Science, 12* (2), 63-70.

佐藤郁哉 (1999)『現代演劇のフィールドワーク：芸術生産の文化社会学』東京大学出版会。

佐藤郁哉・芳賀学・山田真茂留 (2011)『本を生み出す力：学術出版の組織アイデンティティ』新曜社。

佐藤郁哉・山田真茂留 (2004)『制度と文化：組織を動かす見えない力』日本経済新聞社。

佐藤保久 (2007)「料率自由化と損保業界」『損害保険研究』 *69* (2)，17-42。

Schein, E. H. (1978). *Career Dynamics: Matching Individual and Organizational Needs.* Reading: Addison-Wesley.

Scott, S. G., & Lane, V. R. (2000). A stakeholder approach to organizational identity. *Academy of Management Review, 25* (1), 43-62.

Scott, W. R. (1995). *Institutions and Organizations.* Thousand Oaks: SAGE.

Scott, W. R. (2008). *Institutions and Organizations: Ideas and Interests (3rd ed.).* Thousand Oaks: SAGE.

Scott, W. R., & Meyer, J. W. (1991). The organization of societal sectors: Propositions and early evidence. In W. W. Powell., and P. J. DiMaggio (eds.), *The New Institutionalism in Organizational Analysis* (pp. 108-140). Chicago: University of Chicago Press.

Selznick, P. (1949). *TVA and the Grass Roots: A study in the sociology of formal organization.* Berkeley: University of California Press.

Sen, S., & Bhattacharya, C. B. (2001). Does doing good always lead to doing better? Consumer reactions to corporate social responsibility. *Journal of Marketing Research, 38* (2), 225-243.

Sillince, J. A. A. (2006). Resources and organizational identities: The role of rhetoric in the creation of competitive advantage. *Management Communication Quarterly, 20* (2), 186-212.

Simon, H. A. (1947). *Administrative Behavior: A study of decision-making processes in administrative organization.* New York: Macmillan.

Singh, J. V., Tucker, D. J., & House, R. J. (1986). Organizational legitimacy and the liability of newness. *Administrative Science Quarterly, 31* (2), 171-193.

Slattery, D. J., & Nellis, J. G. (2005). Product development in UK retail banking: Developing a market-oriented approach in a rapidly changing regulatory environment. *International Journal of Bank Marketing, 23* (1), 90-106.

Staw, B. M., & Epstein, L. D. (2000). What bandwagons bring: Effects of popular management techniques on corporate performance, reputation, and CEO pay. *Administrative Science Quarterly, 45* (3), 523-556.

Stinchcombe, A. L. (1965). Social structure and organizations. In J. G. March (ed.), *Handbook of Organizations* (pp. 153-193). Chicago: Rand McNally.

Storey, C., & Easingwood, C. (1993). The Impact of the new product development project on the success of financial services. *Service Industries Journal, 13* (3), 40-54.

Suchman, M. C. (1995). Managing legitimacy: Strategic and institutional approaches. *Academy of Management Review, 20* (3), 571-610.

Suddaby, R., & Greenwood, R. (2005). Rhetorical strategies of legitimacy. *Administrative Science Quarterly, 50* (1), 35-67.

Suddaby, R., Bitektine, A., & Haack, P. (2017). Legitimacy. *Academy of Management Annals, 11* (1), 451-478.

鈴木智子 (2013)『イノベーションの普及における正当化とフレーミングの役

割：「自分へのご褒美」消費の事例から』白桃書房。

Szwajkowski, E. (1985). Organizational illegality: Theoritical integration and illustrative application. *Academy of Management Review, 10* (3), 558-567.

高尾義明 (2013)「組織構成員のアイデンティフィケーション」組織学会編『組織論レビューⅠ：組織とスタッフのダイナミズム』(193-235頁)，白桃書房。

武石彰・青島矢一・軽部大 (2008)「イノベーションの理由：大河内賞受賞事例にみる革新への資源動員の正当化」『組織科学』*42* (1)，4-14。

谷口勇仁 (2012)『企業事故の発生メカニズム：「手続きの神話化」が事故を引き起こす』白桃書房。

田尾雅夫・久保真人 (1996)『バーンアウトの理論と実際：心理学的アプローチ』誠信書房。

Thomas, J. B., & Trevino, L. K. (1993). Information processing in strategic alliance building: A multiple-case approach. *Journal of Management Studies, 30* (5), 779-814.

Thompson, J. D. (1967). *Organizations in Action: Social Science Bases of Administrative Theory*. New York: McGraw-Hill.

Thornton, P. H. (2002). The rise of the corporation in a craft industry: Conflict and conformity in institutional logics. *Academy of Management Journal, 45* (1), 81-101.

Thwaites, D. (1992). Organizational influences on the new product development process in financial services. *Journal of Product Innovation Management, 9* (4), 303-313.

Tolbert, P. S., & Zucker, L. G. (1983). Institutional sources of change in the formal structure of organizations: The diffusion of civil service reform, 1880-1935. *Administrative Science Quarterly, 28* (1), 22-39.

Tost, L. P. (2011). An integrative model of legitimacy judgments. *Academy of Management Review, 36* (4), 686-710.

Tripsas, M. (2009). Technology, identity, and inertia through the lens of "The digital photography company." *Organization Science, 20* (2), 441-460.

Tushman, M. L., & Nadler, D. A. (1978). Information processing as an integrating concept in organizational design. *Academy of Management Review, 3* (3),

613-624.

Tushman, M. L., & Rosenkopf, L. (1992). Organizational determinants of techno-
logical change: Toward a sociology of technological evolution. *Research in Or-
ganizational Behavior, 14,* 311-347.

Van de Ven, A. H., Ganco, M., & Hinings, C. (2013). Returning to the frontier of
contingency theory of organizational and institutional designs. *Academy of
Management Annals, 7* (1), 393-440.

Van Maanen, J., & Schein, E. H. (1979). Toward a theory of organizational so-
cialization. *Research in Organizational Behavior, 1,* 209-264.

van Rekom, J., & van Riel, C. B. M. (2000). Operational measures of organiza-
tional identity: A review of existing methods. *Corporate Reputation Review, 3*
(4), 334-350.

Vaughan, D. (1999). The Dark Side of Organizations: Mistake, Misconduct, and
Disaster. *Annual Review of Sociology, 25,* 271-305.

Vergne, J. P. (2012). Stigmatized categories and public disapproval of
organizations: A mixed-methods study of the global arms industry, 1996-2007.
Academy of Management Journal, 55 (5), 1027-1052.

Vermeulen, P. (2004). Managing product innovation in financial services firms.
European Management Journal, 22 (1), 43-50.

Vermeulen, P., Büch, R., & Greenwood, R. (2007). The impact of governmental
policies in institutional fields: The case of innovation in the Dutch concrete in-
dustry. *Organization Studies, 28* (4), 515-540.

Vermeulen, P., & Dankbaar, B. (2002). The organisation of product innovation
in the financial sector. *Service Industries Journal, 22* (3), 77-98.

Verona, G. (1999). A resource-based view of product development. *Academy of
Management Review, 24* (1), 132-142.

Volberda, H. W., van der Weerdt, N., Verwaal, E., Stienstra, M., & Verdu, A. J.
(2012). Contingency fit, institutional fit, and firm performance: A metafit ap-
proach to organization-environment relationships. *Organization Science, 23*
(4), 1040-1054.

Voss, Z. G., Cable, D. M., & Voss, G. B. (2006). Organizational identity and firm performance: What happens when leaders disagree about "Who we are?" *Organization Science, 17* (6), 741-755.

Walsh, J. P. (1995). Managerial and organizational cognition: Notes from a trip down memory lane. *Organization Science, 6* (3), 280-321.

渡辺深 (2007)『組織社会学』ミネルヴァ書房。

Weber, M. (1978). *Economy and Society*. Berkeley: University of California Press.

Weick, K. E. (1979). *The Social Psychology of Organizing* (2nd ed.). New York: McGraw-Hill.

Weick, K. E. (1995). *Sensemaking in Organizations*. Thousand Oaks: SAGE.

Weick, K. E. (1998). Introductory essay: Improvisation as a mindset for organizational analysis. *Organization Science, 9* (5), 543-555.

Westphal, J. D., Gulati, R., & Shortell, S. M. (1997). Customization or conformity? An institutional and network perspective on the content and consequences of TQM adaptation. *Administrative Science Quarterly, 42* (2), 366-394.

Whetten, D. A. (2006). Albert and Whetten revisited: Strengthening the concept of organizational identity. *Journal of Management Inquiry, 15* (3), 219-234.

Wicks, D. (2001). Institutionalized mindsets of invulnerability: Differentiated institutional fields and the antecedents of organizational crisis. *Organization Studies, 22* (4), 659-692.

山田真茂留 (1990)「組織文化の社会学的意味」『ソシオロゴス』*14*, 72-86。

山田真茂留 (1991)「組織文化の変化と組織アイデンティティの維持」『ソシオロゴス』*15*, 70-84。

山田真茂留 (1993)「組織アイデンティティの現代的変容」『組織科学』*27* (1), 15-25。

山田真茂留 (2010)「組織アイデンティティの変貌と持続」『早稲田大学大学院文学研究科紀要』*55*, 17-28。

山倉健嗣 (1993)『組織間関係：企業間ネットワークの変革に向けて』有斐閣。

山本晴義・小西喜朗 (2002)『メンタルヘルス・マネジメント：自分も会社も元気にする』PHP研究所。

山本茂 (2003)「ホワイトカラーの企業内技能形成：日本の銀行業を事例として」

『日本労働研究雑誌』*45*（11），76-90。

山城慶晃（2015）「組織アイデンティティの三つの基準とは何だったのか？　経営学輪講 Albert and Whetten（1985）」『赤門マネジメント・レビュー』*14*（2），77-87。

家森信善・小林毅（2002）「損害保険市場の自由化と日本の保険会社：日米保険協議の分析」『損害保険研究』*64*（2），63-95。

Yin, R. K.（1984）. *Case Study Research: Design and Methods*. Beverly Hills: SAGE.

横澤公道・辺成祐・向井悠一朗（2013）「ケース・スタディ方法論：どのアプローチを選ぶか　経営学輪講 Glaser and Strauss（1967），Yin（1984），Eisenhardt（1989a）の比較分析」『赤門マネジメント・レビュー』*12*（1），41-68。

Zhao, E. Y., Fisher, G., Lounsbury, M., & Miller, D.（2017）. Optimal distinctiveness: Broadening the interface between institutional theory and strategic management. *Strategic Management Journal, 38*（1），93-113.

Zimmerman, M. A., & Zeitz, G. J.（2002）. Beyond survival: Achieving new venture growth by building legitimacy. *Academy of Management Review, 27*（3），414-431.

Zucker, L. G.（1977）. The role of institutionalization in cultural persistence. *American Sociological Review, 42*（5），726-743.

『朝日新聞』1998 年 7 月 5 日。

『大東京火災海上史：1913-2001』2004 年。

保険審議会「保険業の在り方の見直しについて：金融システム改革の一環として」1997 年。

株式会社損害保険ジャパン，ニュースリリース。

『金融』1999 年 9 月。

金融庁「保険会社向けの総合的な監督指針」2009（平成 21）年 12 月。

金融庁報道発表用資料，2005 年 11 月 25 日。

金融庁報道発表用資料，2007 年 3 月 14 日。

三井住友海上火災保険会社，ニュースリリース。

『日本経済新聞』1998 年 6 月 8 日。

参考文献

『日本経済新聞』1998 年 6 月 29 日。

『日本経済新聞』2006 年 9 月 1 日。

『日本経済新聞』2016 年 3 月 11 日。

『日本経済新聞』2017 年 7 月 11 日。

日本損害保険協会「そんぽ ADR センター統計号」各年度版。

『日新火災海上保険株式会社百年史』2008 年。

損害保険会社各社，有価証券報告書。

『損害保険研究』各年版。

『東京海上百二十五年史』2005 年。

東京海上日動火災保険株式会社，ニュースリリース。

索　引

人名索引

アルファベット

A・B

Abrahamson, E.　63
Abzug, R.　47
Adams, E.　39
Aguinis, H.　27
Albert, S.　32, 33, 39
Aldrich, H. E.　20
Alford, R. R.　75
Amburgey, T. L.　41
Anand, V.　31
Ashforth, B. E.　20, 28, 31, 42, 87, 147
Avlonitis, G. J.　106, 107
Baden-Fuller, C.　29, 44
Bansal, P.　21, 68
Barney, J. B.　43, 127
Barreto, L.　29
Bartel, C. A.　65
Bartunek, J. M.　69
Besharov, M.　75
Bhattacharya, C. B.　27
Biddle, B. J.　76
Billings, A. G.　87
Bitektine, A.　15
Blazevic, V.　107
Bliese, P. D.　87
Boal, K. B.　52
Brown, A. D.　41
Brown, S.　63
Brown, S. L.　106, 126

Burns, L. R.　29
Burns, T.　22
Buzzell, S.　87

C・D

Cable, D. M.　37, 66
Calmet, L.　45
Canato, A.　65-67
Cannon, S. M.　68
Carroll, A. B.　27
Carter, S. M.　127
Chan, C. M. (クリスティーヌ・チャン)
　15, 29
Chen, H.　4
Chun, R.　35
Clark, K. B.　109, 125
Clark, S. M.　68
Clelland, I.　21, 68
Cooper, R. G.　107
Corley, K. G.　32, 34, 37, 41, 68
Cornelissen, J. P.　34
Dacin, M. T.　21
Dacin, P. A.　127
Daft, R. L.　24, 25
Dankbaar, B.　107
D'Aunno, T.　75
Davies, J.　88
de Brentani, U.　107
Deephouse, D. L.　15, 19-21, 28, 29, 107, 127
DeFillippi, R.　28
de Jong, J. P. J.　106, 126

203

索　引

Demarie, S. M.　41
Deshpandé, R.　147
Dhalla, R.　37, 38
DiMaggio, P. J.　16, 18, 28, 31, 107
Dobbin, F.　46
Dormann, C.　87
Dougherty, D.　20
Dowd, T. J.　18, 28
Dowling, J.　18
Drew, S. A. W.　107
Drori, I.　20, 22
Dukerich, J. M.　35, 40, 65, 67, 69
Duncan, R. B.　23
Dutton, J. E.　35, 36, 40, 67, 69

E~G

Easingwood, C. J.　107, 126
Easterby-Smith, M.　88
Edgett, S. J.　106, 107
Eisenhardt, K. M.　45, 68-70, 106, 126
Ellemers, N.　34
Elsbach, K. D.　43, 68, 69
Elstak, M. N.　32, 67
Epstein, L. D.　29
Farley, J. U.　147
Fiol, C. M.　20, 32, 34, 35, 42
Fisher, G.　47
Fiss, P. C.　30
Fligstein, N.　29
Fombrun, C.　127
Foreman, P. O.　39, 40, 65
Fox-Wolfgramm, S. J.　52
Freeman, J.　16, 41, 42
Frieland, R.　75
Fujiwara-Greve, T.　19
Galbraith, J. R.　23, 160
Ganco, M.　27
Gibbs, B. W.　20, 28, 147

Gioia, D. A.　32, 34, 37, 38, 41, 43, 45, 68
Glaser, B. G.　68, 69
Glavas, A.　27
Glynn, M. A.　32, 34, 43, 45, 47, 48
Golden, B. R.　65
Golden-Biddle, K.　35, 39, 68
Gounaris, S. P.　106
Greenwood, R.　31, 69, 107
Greve, H. R.　19, 75
Guillén, M. F.　29
Gulati, R.　29
Guler, I.　29
Gustafson, L. T.　41

H~K

Haack, P.　15
Hambrick, D. C.　63
Hamilton, A. L.　32, 37, 38
Hannan, M. T.　16, 41, 42
Hardy, C.　31
Harquail, C. V.　32, 34, 35
Haslam, S. A.　34
Hatch, M. J.　32, 34-36
Haunschild, P. R.　29
Haveman, H. A.　29
Heller, T.　20
Henard, D. H.　127
Heugens, P. P. M. A. R.　37, 45
Hillman, A. J.　40
Hinings, C. R.　27, 75
Hochschild, A. R.　87
Hoffman, A. J.　26
Hollensbe, E. C.　34, 68
Holzinger, I.　108
Honig, B.　20, 22
House, R. J.　68, 76
Human, S. E.　69
Humphrey, R. H.　87

人名索引

Hunt, J. G.　52
Hyde, P.　69
Iansiti, M.　125
Ireland, R. D.　69
Jack, G.　36
Jaworski, B. J.　147
Jex, S. M.　87
Johne, A.　106, 126
Johnson, C.　18, 28
Jones, S.　106
Jonsson, S.　19
Kabanoff, B.　63
Kanfer, A.　44
Kataria, N.　68
Kelly, D.　41
Kennedy, M. T.　30
Ketchen, Jr., D. J.　68
Kislov, R.　69
Kjærgaard, A. L.　38, 41
Kleinschmidt, E. J.　107
Kohli, A. K.　147
Kostova, T.　20
Kramer, R. M.　43, 68
Kreiner, G. E.　34, 68
Kreutzer, K.　68
Krishnan, V.　106, 126
Kroezen, J. J.　37

　L～N
Lamertz, K.　45
Landau, D.　20
Lane, V. R.　37
Lawrence, P. R.　22
Lawrence, T. B.　31, 108
Lee, M. P.　27
Leiter, M. P.　87
Lengel, R. H.　24
Lieberman, M. B.　28

Lievens, A.　107
Lirtzman, S. I.　76
Livengood, R. S.　43, 44
Lorbiecki, A.　36
Lorsch, J. W.　22
Lounsbury, M.　47, 75
Macintosh, N. B.　24
MacLean, T. L.　31
Macpherson, J. M.　29
Mael, F. A.　42
Maguire, S.　31
Marquis, C.　75
Martins, L. L.　66
McCauley, C. D.　88
McDonald, R.　69
McGuire, J. B.　27
McWilliams, A.　27
Merton, R. K.　164
Meyer, J. W.　16-18, 147
Miller, D.　47
Miller, T. L.　39
Miner, A. S.　29, 96
Moak, D. L.　107
Moenaert, R. K.　107
Moorman, C.　96
Moos, R. H.　87
Morrow, J. E.　88
Morsing, M.　38
Mullane, J. V.　41
Nadler, D. A.　24
Nag, R.　41, 68
Navis, C.　47, 48
Nellis, J. G.　107
Nicholson, G.　40

　O～R
Ocasio, W.　25, 26
Ohlott, P. J.　88

205

索　引

Oliver, C.　　4, 21, 30, 107, 108, 147
Oliver, D.　　66
Ordanini, A.　　28
Papastathopoulou, P. G.　　106, 107
Parkinson, S.　　107
Parsons, T.　　15
Paton, D.　　44
Patvardhan, S. D.　　32, 37
Pederson, J. S.　　46
Peng, M. W.　　4
Pfeffer, J.　　15, 18, 146
Phillips, N.　　37
Pinkham, B.　　4
Pollock, T. G.　　20
Porac, J. F.　　44
Porter, M. E.　　126
Postmes, T.　　34
Powell, W. W.　　16, 18, 28, 107
Pratt, M. G.　　32, 34, 40
Price, K. N.　　38
Price, R. H.　　75
Primeau, J.　　87
Provan, K. G.　　69
Rafaeli, A.　　87
Rao, H.　　39, 68, 127
Ravasi, D.　　32, 34, 37, 38, 65-68
Reay, T.　　75
Reger, R. K.　　41, 43, 44
Reidenbach, R. E.　　107
Ridgeway, C. L.　　18, 28
Rindova, V. P.　　20
Rizzo, J. R.　　76
Roos, J.　　66
Rosenkopf, L.　　107
Roth, K.　　20
Rowan, B.　　16, 18, 147
Roy, J.-P.　　21
Rubera, G.　　28

Ruderman, M. N.　　88
Ruef, M.　　20, 68
Rynes, S. L.　　69

S～U

Salancik, G. R.　　15, 18, 146
Santos, F. M.　　45
Schein, E. H.　　86
Schneeweis, T.　　27
Schultz, M.　　32, 34-36, 68
Scott, S. G.　　37
Scott, W. R.　　20, 68
Selznick, P.　　16
Sen, S.　　27
Shanley, M.　　127
Sheep, M. L.　　34, 68
Shortell, S. M.　　29, 65
Shropshire, C.　　40
Siegel, D.　　27
Sillince, J. A. A.　　43
Simon, H. A.　　25
Singh, J. V.　　68
S'Jegers, R.　　107
Slattery, D. J.　　107
Smith, B. R.　　68
Smith, W. K.　　75
Stalker, G. M.　　22
Starkey, K.　　41
Staw, B. M.　　29
Stewart, A. C.　　43
Stienstra, M.　　27
Stinchcombe, A. L.　　20
Storey, C.　　106, 107, 126
Strauss, A. L.　　68, 69
Suchman, M. C.　　15, 17, 19, 20, 28, 147
Suddaby, R.　　15, 31, 69
Sun, S. L.　　4
Sundgren, A.　　27

206

人名索引

Sutton, R. I.　69, 75, 87
Szwajkowski, E.　31
Terjesen, S.　20
Thomas, H.　44
Thomas, J. B.　25, 38, 43, 45, 68
Thompson, J. D.　23
Thornton, P. H.　75
Thwaites, D.　107
Tolbert, P. S.　29
Tost, L. P.　18
Trevino, L. K.　25
Tripsas, M.　41
Tucker, D. J.　68
Tushman, M. L.　24, 107
Ulrich, K. T.　106, 126

V〜Z

Van de Ven, A. H.　27
van der Weerdt, N.　27
Van Maanen, J.　86
van Rekom, J.　34, 65, 66
van Riel, C. B. M.　66, 127
Vaughan, D.　31
Verdu, A. J.　27
Vergne, J. P.　69
Vermeulen, P. A. M.　106, 107, 126
Verona, G.　125
Verwaal, E.　27
Volberda, H. W.　27
Voss, G. B.　37, 66
Voss, Z. G.　37, 66
Weber, M.　15, 16
Webster, Jr., F. E.　147
Weick, K. E.　24, 25, 96
Wesley, II, C. L.　39
Westphal, J. D.　29
Whetten, D. A.　32-34, 39, 66
Wholey, D. R.　29

Wicks, D.　31
Wilson, F.　44
Yin, R. K.　69
Zaheer, S.　20
Zapf, D.　87
Zeitz, G. J.　20, 147
Zhang, C. M.　75
Zhao, E. Y.　47
Zimmerman, M. A.　20, 147
Zucker, L. G.　16, 29

五十音

あ 行

青島矢一　20
淺羽茂（Asaba, S.）　28
磯辺剛彦（Isobe, T.）　15, 29
伊丹敬之　170
岩瀬泰弘　138
尾崎俊雄　110

か 行

軽部大　20
川上智子　147
木下智雄　163
久保真人　76, 87
黒谷孝行　135
小池和男　88
小西喜朗　87
小橋勉　25
小林毅　131
小山嚴也　31

さ 行

佐々木政司　86
佐藤郁哉　15, 39, 40, 106
佐藤秀典（Sato, H.）　33, 40, 41, 65, 69, 70, 118, 138

索　引

佐藤保久　131
鈴木智子　15
瀬下明　135

た・な行

田尾雅夫　76, 87
高尾義明　34
武石彰　20
谷口勇仁　31
中出哲　138

は・ま行

芳賀学　39
樋口公啓　134
樋口晴彦　31, 165
辺成祐　70
平澤哲　37
藤本隆宏（Fujimoto, T.）　106, 109, 118,

125, 170
牧野成史（Makino, S.）　15, 29
間嶋崇　31
松尾睦　88
松本雄一　88
向井悠一郎　70
森俊也　106

や・ら行

安本雅典　106
山倉健嗣　14
山城慶晃　33
山田真茂留　15, 33, 34, 39, 106
山本茂　88
山本晴義　87
家森信善　131
横澤公道　70
渡辺深　15

事項索引

アルファベット

CSR　27
OJT　92
SC　→サービスセンター

五十音

あ行

あいおい損害保険　139
アイデンティティ・ドメイン　43
アジャスター　60
意図せざる結果　164, 172
イノベーティブな企業　127
インタビュー（調査）　59, 60, 63

――協力者　61
「落とし穴」　174, 175

か行

開発リードタイム　118
確定拠出（型）年金　62, 110
――（制度用）商品（開発）　106, 110,
113
――制度準備会議　111, 112
確定拠出年金法　111, 114
過剰な（商品）バリエーション　125,
138-140
過剰反応　9
制度環境変化への――の落とし穴　171
カテゴリー　11, 44, 47, 104, 122
環境変化　2

事項索引

環境要因　24
感情的負荷　97
感情のマネジメント　87
感情をマネジメントするスキル　74, 99
慣性（組織の慣性）　7, 41
監督官庁　27
元本確保商品　111
管理機能の強化　150, 161
官僚制組織　147
技術的環境　26
規　制　8, 127
規制緩和　58, 140
規制業界　104, 106
規　範　4
規範的同型化　28
逆機能　144, 161
共感（顧客の立場に立つこと）　77, 79
　——と公正の選択　83
強制的同型化　28
競争軸　46
競争優位　36, 42, 126
業務改善命令　150
業務負荷と処理能力の乖離　145
近視眼的な適応　8
金融商品　118
金融庁　77, 149
経営資源　36
経験学習　88
契約者　58
ケース・スタディ　59, 69
公正（適正な査定）　78, 79
　共感と——の選択　83
厚生労働省　113
顧客とのコミュニケーション　160
顧客の立場に立つこと　→共感
顧客のニーズ　8
ご契約内容確認マップ　163
コーピング　87

コンティンジェンシー理論　22
コンプライアンス　74
　——意識　151
コンフリクト　72, 75, 81

さ 行

最適な弁別性　47
再発防止策　9
サービスセンター（SC）　59
差別化　9, 42, 47, 116, 125, 126, 128, 129,
　136, 138-140, 170
算定会制度の見直し　57
算定会料率使用義務の廃止　57
資源依存理論　14
資源配分　146
　——の歪み　164
システム開発の要件定義　117
自動車保険　57, 135, 149
事務処理量の増加　159
社会的規範　46
自由化　56, 128, 148
　——後の新商品開発　137
　——のプロセス　131
　——への対応　133
商品開発　8, 62, 106, 124, 129
　——の活性化　131, 132
　——の自由度　124, 128
商品開発（による）競争　104, 106, 134,
　136, 140, 148
商品開発プロセス　109
商品コンセプト　116
商品の多様化／バリエーション　138,
　148
商品の統廃合　138
情報処理　23
情報の非対称性　161
シンボリックな行為　147
スキル　10

209

索　引

ストレスの原因　98
住友海上火災保険（株式会社）　133, 136
政治的環境　108
正当性　4, 15, 29, 45, 47, 63, 73, 75
　──獲得行動のジレンマ　164, 165
正当なアイデンティティ　47
正当な弁別性　48
制度環境　4, 26, 173
　──と組織行動の相互作用　141
　──と組織に関する研究　68
　──に適合的な行動／への適合（性）
　　6, 48
　──の認識変化　172
　──の（構成）要素　72, 173
　──の要素選択　86, 99
　──の要素への対応　72, 97
　──への効率的適応（戦略）　108, 120
　──への適応　5
制度環境（の）デザイン（戦略）　109,
　120
制度環境（の）変化　4, 118, 140
　──と組織内プロセスの統合　122
　──への過剰反応の落とし穴　171
　──への関与　104
制度固有の論理　75
制度的アプローチ　18
制度的企業家　31
制度的プレッシャー　30, 107
制度的要素のブリコラージュ　48
制度のビジョン　121
正のフィードバック　171
製品開発競争　→商品開発競争
製品差別化　→差別化
生命保険会社　11
折　衝　121
戦略的アプローチ　18
組織アイデンティティ　4, 32, 129, 140,
　144, 170, 173, 175

　──と適合的な行動　48
　──への適合　6
　複数の──　39
　明確な──　8, 52
組織アイデンティティ研究　65
組織イメージ　34, 35
組織社会化　86
組織と認識の問題　45
組織能力　8, 170
組織の慣性　→慣性
組織の境界　45
組織の社会的評価　127
組織のステータス　44
組織フィールド　28
組織不祥事　31, 147, 164
組織文化　34
組織変革　2
組織ルーチン　41
損害サービス（業務）　59, 78
損害保険　8
　──商品開発　116
損害保険ジャパン　151

た　行

対外的（な）正当性　4, 46, 48, 49, 72, 76,
　96, 99, 108, 146, 147, 161, 172
　──と対内的正当性　174
第三分野保険　57, 149
対人担当者　60
大東京火災海上保険（株式会社）　135
対内的（な）正当性　5, 46, 49, 96
対物担当者　60
代理店　58
　──研修　151
多義性　24
チェック機能（体制）強化　151, 156,
　159
チェックシート　151, 159

210

事項索引

中心性　32
調査方法　59
千代田火災海上保険　136
定性研究　65, 67
定性的（な）アプローチ　10, 59, 68, 69
定量研究／分析　65, 66
定量的アプローチ　68
適正な査定　→公正
適切な差異　8
テクニカル・コア　23
東京海上火災保険（株式会社）　130
東京海上日動火災　139
同型化　17, 28
　──の圧力　107
同質化　28, 47
　──な行動　175
独自性　32, 47
　──の戦略的再定義　43
特約の開発競争　135

　な　行
日動火災海上保険（株式会社）　134, 136
日米保険協議　56
日新火災海上保険（株式会社）　134
日本興亜損害保険　139
日本損害保険協会　77
認識の二重性　173
認識枠組み　7

　は　行
バーンアウト　87
パンフレット　109, 117, 157
被害者　59
標準化戦略　108

不確実性　22, 128, 173
富士火災海上保険（株式会社）　131
不祥事　8
付随的な保険金　149
文書データ　62
法制度の変更　14
保険金の不払い・払い漏れ（問題）　57,
　149
保険商品　77
　──の情報　158
保険審議会　131
保険料率の自由化　56

　ま　行
マニュアル　23
三井海上火災保険（株式会社）　131
三井住友海上火災保険会社　156
メンバーシップ戦略　108
模倣可能性　174
模倣的同型化　28
問題発生と対応策　162

　や　行
役割葛藤　76
安田火災海上保険（株式会社）　133

　ら　行
リーダー　121
　──の役割　109
利率保証契約型商品（GIC）　116
リードタイム　109
連続性　32
ロール・プレイング　60

211

♣著者紹介

佐藤 秀典（さとう・ひでのり）

筑波大学ビジネスサイエンス系准教授。博士（経済学）（東京大学）

東京大学大学院経済学研究科単位取得退学後，東京大学ものづくり経営研究センター特任助教，長崎大学経済学部准教授，横浜国立大学国際社会科学研究院准教授を経て現職。
専門は経営組織論。

著書・論文に，「組織アイデンティティ論の発生と発展――『我々は何者であるか』を我々はどのように考えてきたのか」組織学会編『組織論レビューⅡ――外部環境と経営組織』白桃書房，2013年，1-36頁；「ルーチン形成における管理者の認識とパワー――自動車販売現場における管理者の役割」『組織科学』47(2)，2013年，47-58頁（第31回組織学会高宮賞 論文部門）；『コア・テキスト マクロ組織論』（共著）新世社，2014年；"Strategic consistency revisited: From resource allocation to temporal continuity," *Annals of Business Administrative Science, 16*(6), 2017, 265-273，などがある。

組織アイデンティティの機能 環境変化への対応における役割
The Function of Organizational Identity: The role in response to environmental change

2018年12月20日　初版第1刷発行

著　者	佐　藤　秀　典
発行者	江　草　貞　治
発行所	株式会社 有　斐　閣

郵便番号 101-0051
東京都千代田区神田神保町2-17
電話 (03) 3264-1315〔編集〕
　　 (03) 3265-6811〔営業〕
http://www.yuhikaku.co.jp/

印　刷　株式会社精興社
製　本　牧製本印刷株式会社

© 2018, Hidenori Sato. Printed in Japan
落丁・乱丁本はお取替えいたします。
★定価はカバーに表示してあります
ISBN 978-4-641-16535-9

JCOPY 本書の無断複写（コピー）は，著作権法上での例外を除き，禁じられています。複写される場合は，そのつど事前に，(一社)出版者著作権管理機構（電話03-5244-5088，FAX03-5244-5089，e-mail: info@jcopy.or.jp）の許諾を得てください。